« Comme la Lune a perdu sa dignité maintenant que l'homme l'a irrespectueusement souillée de ses détritus, de ses dérisoires balles de golf ! »

Peter Matthiessen, *Le Léopard des neiges* (1978)

Prologue

Voici un geste que nous avons tous fait, et plutôt souvent. En promenade dans un coin de nature qui nous enchante, nous nous apprêtons à prendre une photographie pour en conserver un souvenir ou partager nos impressions avec nos amis, mais, malheureusement, il y a un énorme pylône sur la droite. Qu'à cela ne tienne, nous cadrons de façon à ce que le pylône n'apparaisse pas sur la photo. Cet évitement d'un détail déplaisant nous paraît justifié par notre désir d'obtenir la meilleure photographie possible. Cependant, si l'on y réfléchit, ce geste n'est peut-être pas si innocent, en tout cas il n'est pas dépourvu de conséquences. Une telle falsification de la réalité n'est pas, en soi, très différente des méthodes des propagandistes de l'ère soviétique, qui découpaient ou retouchaient les archives lorsqu'un membre du Parti communiste était tombé en disgrâce. Obnubilés par notre quête d'harmonie, nous faisons subir aux représentations de notre environnement une purge qui a, l'air de rien, la dimension d'un trucage systématique, et qui finit par nous empêcher de voir le monde tel qu'il est.

Plus encore, nous entretenons une image mentale idéalisée de la nature, nous envisageons la « forêt » ou encore le « désert » comme des lieux intacts, des réserves inépuisables de splendeur, et nous entretenons cette illusion grâce à tous les documents visuels ou audiovisuels tronqués que nous mettons en circulation, mais aussi avec la lecture des romans de voyage ou des traités d'écologie qui se multiplient aujourd'hui en librairie. J'ai moi-même participé à cette tendance en publiant *Devant la beauté de la nature* (2018), un essai d'esthétique qui ne prenait pas vraiment en considération les paysages brutalisés par le béton et l'industrie, abîmés ou morcelés. Nous nous abreuvons d'une abondante mythologie à propos des grands espaces et des animaux sauvages, dont la moindre évocation nous fait battre le cœur, alors qu'en pratique, lorsque nous voyageons, il y a toujours et partout, en montagne comme sur les bords de mer ou en plaine, un pylône en plein milieu du panorama – ou son équivalent, bretelle d'autoroute, usine, station d'épuration, silo à grain, résidence hôtelière, hangar, barrage hydroélectrique, benne à ordures, grue, cargo… Néanmoins notre conviction que la nature préservée existe quelque part et que, même si nous n'y avons pas souvent accès, nous pouvons nous connecter à elle au moins en pensée, est si forte qu'elle nous rend incapables de regarder ce qui nous entoure.

Ce livre est une tentative de mise à jour de nos catégories sensibles. Il s'agit de répondre à cette question simple, urgente, et que pourtant nous n'affrontons guère : que se passerait-il si nous laissions le pylône sur la photographie ? Celle-ci deviendrait-elle désagréable à voir, bonne à jeter à la corbeille – ou bien nous procurerait-elle des émotions nouvelles, à la fois douces et amères ? En d'autres termes, n'avons-nous pas besoin d'une nouvelle philosophie esthétique pour aller à la rencontre des paysages du présent ?

1

Ouvrir les yeux sur le XXIe siècle

Haut Bas Fragile

Aujourd'hui, nous sommes tous les spectateurs directs de processus de destruction de l'environnement d'une rare violence. Cette affirmation a l'air marquée au coin du bon sens pourtant, si l'on se donne la peine d'y réfléchir un instant, il s'agit d'une situation inédite dans l'histoire.

Autrefois – c'est-à-dire jusqu'à il y a un siècle, environ – les atteintes dont avait à pâtir l'environnement, au cours d'une vie humaine, étaient plutôt modestes, sauf circonstances exceptionnelles, éruption volcanique, séisme ou tsunami. En dehors de ces catastrophes naturelles, le déroulement prévisible d'une existence consistait à naître puis à habiter une région que l'on quittait, à sa mort, presque inchangée. La nature apparaissait comme un socle de stabilité. Les cycles des saisons ne bougeaient pas, non plus que le climat. La faune et la flore autour de nous restaient les mêmes et, s'il y avait ici une progression de la zone habitée, là un bois coupé afin d'agrandir les cultures, le spectacle de la terre donnait fondamentalement une impression de permanence. Cette relation à une nature toute puissante, surabondante, susceptible de connaître des variations et des accidents locaux mais non un épuisement irréversible, fut le vécu le plus commun de nos ancêtres. Par comparaison, l'existence humaine était menacée par les infections foudroyantes, les maladies qu'on ne savait guérir, et d'une terrible brièveté. La nature constituait l'éternité au sein de laquelle nous ne faisions qu'une apparition de figurants (« Une génération s'en va, une autre vient, et la terre subsiste toujours », lit-on dans l'Ecclésiaste).

Évidemment, il n'en va plus ainsi. Prenons un *objet* qu'il est facile de se représenter, car ses évocations artistiques ont marqué les esprits : l'Italie. Moins industrialisée que le nord de l'Europe, elle était encore assez préservée au lendemain de la Première Guerre mondiale, avant que le régime fasciste ne lance la construction des axes autoroutiers puis que le « miracle économique » des années 1950 n'accélère sa modernisation. Cette Italie d'il y a un siècle offrait encore les vastes étendues collinaires qu'on aperçoit au fond des tableaux de la Renaissance. Il y avait des champs où paissaient des troupeaux, des cyprès s'élevant comme des silhouettes noires sur les étendues roses et or, des eaux vives s'écoulant en cascades et en ruisseaux, des chemins de terre, le tout baigné par cette lumière caractéristique et indéfinissable qui pose comme un voile érotique sur la campagne. Les bords de mer n'étaient pas confisqués par les loisirs et formaient des farandoles de baies et de criques bordées de pins parasols, de bougainvillées, de buddléias, de buissons de thym et de laurier. J'ai l'air de décrire un paradis perdu, de tomber dans le cliché, la carte postale, mais cette Italie a bel et bien existé.

En un siècle, elle est devenue méconnaissable. Les bords de mer ont été criblés de villas et de résidences, les baies découpées en une suite de plages privées où s'entassent les transatlantiques. Des tunnels ont été percés à travers les dénivellations rocheuses des côtes afin de faciliter le passage des trains et des automobiles. De la plaine du Nord, la Padanie, il ne reste qu'une conurbation reliant Turin à Milan, puis à Padoue, Vicence ou Venise. Partout, des fabriques et des *outlets*, des poteaux et des entrepôts, des lotissements et des garages – entre lesquels s'étendent des hectares de cultures céréalières. Ce qu'on ne voit plus, ce sont les troupeaux. Les vaches ne paissent quasiment plus à l'air libre dans la Péninsule ; elles sont parquées dans des élevages industriels. Au Sud, la Camorra a enterré des millions de tonnes de déchets toxiques ou radioactifs dans l'arrière-pays de Naples, créant une zone insalubre surnommée la *Terra dei Fuochi* ou « Terre des Feux », parce que ses habitants s'étaient accoutumés à y voir brûler des substances dégageant des panaches de fumée multicolores ; les taux d'incidence des tumeurs et des leucémies y sont exceptionnels. Le *centro storico* de la plupart des villes italiennes demeure un joyau qui aimante les touristes épris de culture, cependant il est désormais inséré dans un tissu urbain sans éclat.

J'attire l'attention sur la rapidité de ce saccage – dans un pays dont l'histoire couvre plus de deux millénaires. Évidemment, on pourrait espérer que des temps plus sages adviendront et qu'on réparera tôt ou tard les excès du bétonnage. Mais par quel enchantement ? La dépense nécessaire à la démolition d'un édifice est colossale – le transport des gravats est à lui seul un travail de titan. Elle ne peut être amortie que si un promoteur a le projet de construire, pardessus, un monstre encore plus rentable. C'est pourquoi, de ces constructions récentes, certaines seront abandonnées, d'autres rénovées et agrandies. Quant aux produits toxiques déversés, ils imprègnent déjà les sols, ont pénétré les nappes phréatiques, et il n'y a pas de remède connu à de telles contaminations. Ainsi, il n'y aura pas de retour à cette Italie que nous imaginons d'après les arrière-plans de Giorgione ou de Léonard de Vinci, elle n'est plus qu'un fantasme.

Nous sommes les contemporains de processus de destruction de l'environnement d'une rare violence. Quelle que soit notre orientation politique, la sympathie ou l'antipathie que nous inspire la mouvance écologique, voilà la trame de fond de notre existence. La civilisation n'est plus une sorte d'alvéole ou de bulle protectrice aménagée dans une nature indifférente, voire hostile ; c'est plutôt le contraire, il ne subsiste du milieu naturel que quelques alvéoles ou niches cernées par une civilisation indifférente, voire hostile. Quant à ces processus de destruction eux-mêmes, ils ne sont pas concertés ni dirigés et progressent anarchiquement, en tous sens, à plat sur le sol, mais aussi vers les profondeurs de la Terre ou bien vers le haut, jusqu'aux confins de l'atmosphère et au-delà.

Au printemps 2010, un an avant la chute du colonel Mouammar Khadafi, j'ai eu l'occasion de voyager en Libye. Nous avons pris un minibus pour nous rendre de Tripoli, la capitale, jusqu'au site archéologique de Sabratha, l'une des trois villes de la Tripolitaine antique et l'une des cités romaines les mieux conservées jusqu'à nos jours. Mais au long des 80 kilomètres de route, c'est un autre spectacle qui m'a absorbé : à chaque touffe d'herbes durcie ou rocaille posée sur les étendues semi-désertiques que nous traversions, était accroché un sac plastique. Nous voyions de tous côtés ces taches blanches et roses, si nombreuses qu'on aurait cru avancer au milieu de champs de coton en fleur. Le vent remplissait ces poches, les gonflait, les faisait osciller légèrement ou les aplatissait sur le sable gris. Il menaçait de les décrocher de l'aspérité du terrain qui les avait retenues ; de fait, ici et là, un sac prenait son envol sur quelques mètres, avant d'être arrêté dans sa course par un nouvel obstacle. Je n'avais jamais rien vu de tel. Je connaissais déjà beaucoup de régions du monde où les fossés étaient remplis de canettes et de paquets de chips vides, mais là, c'était différent, le paysage était intégralement recouvert par l'effet d'une souveraine négligence.

C'était d'autant plus étonnant qu'à cette époque, la Libye se trouvait sous embargo et paraissait protégée de la fièvre consumériste. Grâce à ses rentes pétrolières, le régime subventionnait les biens de première nécessité – la farine, l'huile – et distribuait un revenu universel. Les gens n'avaient rien à faire, sinon à se tenir tranquilles – la plupart du temps, ils restaient sur le pas de leur porte, à guetter la faible animation que leur apportait la route. Il n'y avait aucun panneau publicitaire, sinon des affiches de propagande montrant le colonel Khadafi tantôt à cheval, tel un général napoléonien, tantôt passant en revue des tanks avec des lunettes d'aviateur sur le nez, comme un général américain, tantôt enveloppé dans une gandoura et coiffé d'une toque, comme un chef de guerre bédouin. Dans cette contrée cadenassée, en proie à une sourde torpeur, la globalisation était pourtant arrivée, sous forme de sacs plastiques. Même si le Coran prône en maints endroits la préservation des « merveilles » de la nature, le régime panafricain et islamique n'avait cure de la protection de l'environnement. Ces sacs innombrables qui jonchaient le sol ne seraient vraisemblablement jamais ramassés, ils s'agrégeraient peu à peu aux couches sédimentaires et leur décomposition demanderait, en moyenne, quatre cents ans.

Parfois le processus de dégradation est plus sournois, en tant qu'il n'est pas visible. Simplement, il manque quelque chose à un écosystème – une absence qui passe presque inaperçue et qui, cependant, confère une espèce de bizarrerie ou d'incongruité aux lieux, comme lorsque vous entrez dans une pièce que vous connaissez bien et qu'il y a un espace vide à la place d'un meuble volumineux, une armoire ou un piano, et qu'il vous faut un moment pour identifier ce qui fait défaut.

Ainsi, en 2017 (je donne le millésime de mes observations, non parce que l'année a une signification en elle-même, mais parce qu'il s'agit bien de prendre date, de fixer l'état de paysages en cours de transformation), je me suis rendu pour quelques jours à Stockholm avec mon fils aîné. Un matin, nous avons pris une navette qui nous conduisit de l'embarcadère Cindarellabåtarna, à proximité du Théâtre dramatique et du Palais royal, jusqu'à l'île de Grinda, qu'on atteint au bout d'une heure vingt de navigation. Grinda fut acquise par le premier directeur de la Fondation Nobel, Henrik Santesson, qui y fit bâtir une maison Art nouveau ; c'est ce qui lui confère son aura, la singularise parmi les 24 000 îlots disséminés dans la baie de Stockholm.

Nous nous sommes assis sur des bancs à la poupe de la navette, en compagnie d'autres passagers résolus à ne pas perdre une miette du trajet. L'embarcation était basse, les flots noirs de la Baltique glissaient sous nos yeux, presque à portée de main, tandis qu'une conception spéciale de la résidence secondaire, un mode de vie typiquement scandinave commençait à exercer sur nous une irrésistible fascination : presque partout, l'on voyait des bouts de terre émergés, minuscules, avec quelques arbres resserrés, des rochers, un ponton auquel était arrimé un Zodiac, une balise éteinte qui se dodelinait dans le courant, et une habitation. Parfois, il s'agissait d'une maison bourgeoise – d'autres fois, d'une simple hutte sur pilotis. Cela témoignait d'un sens aigu du loisir comme prise de recul, sécession. Évidemment, quand une famille arrive dans un gîte pareil et qu'elle constate, en déballant les paquets de courses, qu'il manque le beurre ou le pain, il n'est pas question de faire un saut en ville en un claquement de doigts. C'était un univers à la fois féerique et spartiate, de prisonniers de leurs propriétés insulaires, de détenus volontaires dont les cachots n'avaient aucun mur et qu'enserrait l'immensité marine et céleste.

Le paysage était répétitif, mais mon fils et moi ne nous en lassions pas et sommes restés dehors jusqu'à la fin. La végétation, surtout des résineux, était sombre, comme l'eau, et cela produisait le même effet que les tableaux de Pierre Soulages – car ces étendues d'un vert ou d'un bleu d'obsidienne n'absorbaient pas la lumière et la faisaient au contraire ricocher, scintiller, gicler de tous côtés comme une écume saline. En Baltique, les ténèbres devenaient source de clarté.

Et pourtant, quelque chose clochait.

Une fois sur Grinda, nous avons entrepris, tantôt par des sentiers, tantôt en coupant le couvert ou en escaladant des roches, de parcourir la circonférence exacte de l'île. À la fin de cette promenade, nous avons trouvé une crique où nous avons décidé de nous baigner, malgré la fraîcheur de cette fin d'août. Ce n'était pas une plage de galets, mais de gros blocs de granit qui s'enfonçaient rapidement. En m'immergeant douloureusement le ventre, avançant à pas frileux, avant de plonger la tête la première pour abréger la torture du froid, j'ai compris ce qui n'allait pas, depuis que nous avions quitté l'embarcadère : à aucun moment, nous n'avions vu de poissons. Aussi longtemps qu'avait duré notre trajet, pas une nageoire, pas un aileron n'avait surgi des vagues, pas plus que la lame argentée d'un hareng, d'un thon ou d'un saumon n'avait filé le long de la coque du bateau. De même, autour de cette île pourtant éloignée de la capitale, la mer était inhabitée, sans vie. Il n'y avait pas d'algues, à peine un peu de mousse sur les rochers.

Je savais que la Baltique était une mer si polluée que les Suédois devaient, désormais, importer leur poisson depuis la Norvège, pour ne pas s'intoxiquer. Il s'agit d'une mer fermée, d'une baignoire, qui communique peu avec les courants de l'Atlantique. La province de Scanie et l'île de Seeland, reliant le sud de la Suède au Danemark sur l'axe Malmö-Copenhague, forment presque un verrou ; on estime qu'il faut trente ans aux eaux de la Baltique pour se renouveler. Par conséquent, ces dernières sont sujettes à l'hypoxie, au manque d'oxygène, problème renforcé par l'azote présent en trop fortes concentrations à cause du déversement des égouts et des nitrates provenant de l'agriculture. À la surface de toutes les mers, de tous les océans du globe progressent des zones mortes – dont la croissance rapide est surveillée par satellite. Ce sont des aires où il n'y a plus de plancton, et par conséquent plus de poissons. En Baltique, on estime que cette sinistre tache a aujourd'hui une superficie de 70 000 km^2, soit le cinquième de cette mer.

Mais cette situation préoccupante, commune à de nombreux milieux marins, se double de séquelles historiques. Au sortir de la Seconde Guerre mondiale, d'importants stocks de munitions, d'explosifs mais aussi d'armements chimiques ont été coulés en Baltique, par les armées alliées et soviétiques. Ces produits hautement toxiques ont souvent une douille et un chemisage de plomb, dont la dégradation est en elle-même délétère ; ainsi donc, il s'agit d'un empoisonnement à effet retardé, car la corrosion use lentement les couches métalliques qui enveloppent le gaz moutarde, le TNT, le gaz sarin ou encore l'acide hydrocyanique, et c'est de nos jours que ces composés chimiques sont en train de se libérer, répandant la mort non pas sur le front de l'Est comme ils étaient censés le faire, mais dans les profondeurs sous-marines.

Une étude scientifique menée par trois océanographes et publiée en 2016, « Les communautés benthiques dans les sites de décharge d'armes chimiques des profondeurs de la Baltique, avec un focus spécial sur les nématodes », dont j'ai pris connaissance après mon bain de Grinda, entre dans le détail de cette lente catastrophe. Les chercheurs se sont penchés en particulier sur trois sites où ont été coulés des stocks militaires au sortir de la guerre : les fosses de Bornholm, Gotland et Gdansk. Ils ont constaté qu'autour de ces sites, l'ensemble de la méiofaune – les animaux de petite taille, en langage courant – avait disparu. Seules subsistaient, et encore, en petit nombre, des colonies de nématodes, autrement dit de vers. Les nématodes constituent une immense famille à laquelle appartiennent les vers de terre roses de nos jardins ; on en trouve dans les sols, mais également dans les amas de bois mort, de feuilles tombées ou encore de détritus, et ils peuplent les mers. Quels que soient l'essor de la démographie humaine et la tonitruante supériorité d'*Homo sapiens*, les nématodes restent, en valeur absolue, les champions de l'occupation de la Terre – où quatre animaux sur cinq, toutes espèces confondues, sont des nématodes, selon les estimations. Ils étaient déjà présents il y a cinq cents millions d'années, tandis que les premiers hominidés ne sont apparus qu'il y a vingt millions d'années. Toujours est-il qu'à proximité des décharges de munitions chimiques de la Baltique, les nématodes sont rares et présentent des anomalies génétiques. Dans leur article, les océanographes, emboîtant le pas à de nombreux autres biologistes étudiant les effets de la pollution des sols, considèrent que les vers, et leur séquençage ADN, sont d'excellents marqueurs pour suivre le niveau de contamination d'un écosystème.

Or, si l'éradication du vivant est spectaculaire dans ces fosses, le phénomène de dispersion est inévitable. L'ensemble des substances toxiques libérées est en train d'affecter les crustacés, moules, huîtres des environs, mais aussi les animaux de plus grande taille. Les harengs présentent par exemple des malformations, tandis que les poissons de la Baltique souffrent d'un taux alarmant de cancers. L'un des meilleurs experts de la question, l'océanographe polonais Jacek Bełdowski, n'est guère encourageant et laisse entendre que des armements atomiques ont également été coulés : « Pour le dire sans détour : bien que cela n'ait pas été étudié en détail, il y a probablement des menaces écologiques au fond de nos mers plus sévères que des munitions. »

La réalité est que nous ne savons pas ce qui repose dans ces fonds, et que les chercheurs sont assez démunis. Ils tentent de repérer les gisements dangereux à l'aide de sonars à balayage latéral ou de sondeurs acoustiques multifaisceaux qu'ils pointent dans toutes les directions, au petit bonheur la chance – autant chercher une aiguille dans une botte de foin. De l'immersion de colossales cargaisons d'armes ayant appartenu aux nazis, de la totale irresponsabilité écologique du régime soviétique et des démocraties populaires de Pologne et d'Allemagne de l'Est, j'avais déjà entendu parler, mais vaguement. C'étaient des connaissances peu précises et surtout peu concrètes. À mesure que je progressais dans mon bain d'eau glaciale, cela devenait une réalité sensible, presque lancinante. L'absence de poissons se révélait troublante, presque surnaturelle. Cette désertion du vivant produisait un effet de sidération d'autant plus intense que je n'avais, autour de moi, aucune trace de la civilisation. La petite crique que nous avions choisie n'était bordée d'aucune construction, pas même un cabanon. Les sapins, les mélèzes balançaient leurs épines au-dessus de l'eau. En apparence, ce lieu était sain – mais j'en vins à penser que l'extrême limpidité de l'eau elle-même était mauvais signe, qu'elle rendait la Baltique semblable au contenu d'une bouteille d'eau minérale et qu'autant de transparence rappelait les parois d'un cercueil de verre.

Les innombrables rejets de notre système productiviste et consumériste s'étalent donc à la surface de la Terre, pénètrent dans la profondeur des sols et des mers.

Et puis, il est une pollution quasi métaphysique, en tant que nous autres humains en somme les auteurs, mais qu'elle n'appartient plus à notre monde – elle en émane, plutôt. C'est un genre de profanation qui ne cause de préjudice à personne. Je pense à ce qu'il est convenu d'appeler la *pollution spatiale*, à tous les artefacts que nous avons projetés au-delà des couches supérieures de l'atmosphère.

Il y a d'abord, en orbite, pas moins de 6 000 satellites, qui sont à 60 % obsolètes et inactifs, qui dorment dans l'espace, leur face exposée au Soleil pouvant atteindre des températures de +150 °C, tandis qu'à l'ombre ils plongent à –120 °C. Il n'est guère probable qu'un vaisseau-poubelle vienne les récolter, aussi dérivent-ils à jamais. Dans le même anneau invisible entourant notre planète, le département de la Défense américain a recensé 34 000 objets d'une taille supérieure à 10 centimètres, pour la plupart des débris métalliques.

Sur la Lune, les divers engins déployés par les missions Apollo, sans même parler des six drapeaux américains qui furent fièrement plantés entre 1969 et 1972, sont restés en place, où ils se trouvent encore s'ils n'ont pas été pulvérisés par les pluies de météorites. Sur Mars, depuis les premiers essais soviétiques, une vingtaine de sondes et de rovers ont été envoyés, dont certains ont perdu le contact à l'impact et d'autres, à l'instar de Viking 1, Viking 2 ou Perseverance, connaissent de longues périodes de fonctionnement. Ces appareils, une fois qu'ils auront épuisé leurs générateurs, que leurs panneaux solaires seront usés, resteront enlisés dans le sable pour des siècles et des siècles, comme des témoignages d'un stade inférieur de la technologie humaine, aussi insolites que le sont aujourd'hui pour nous un phonographe ou un baladeur à cassettes.

Mais le plus vertigineux est de penser que nous n'avons jamais envisagé l'espace comme un domaine inviolable et que, pour cette raison, nous n'avons aseptisé aucune des machines que nous y avons expédiées. Si jamais nous interceptions un artefact construit par une intelligence extraterrestre, il ne fait aucun doute que nous commencerions par le placer en quarantaine, de crainte qu'il ne transporte des germes dangereux pour les Terriens. Cependant la réciproque n'est pas vraie. Nous n'avons appliqué aucune prophylaxie, fait preuve d'aucun principe de précaution et nos équipements ont quitté le sol en emportant avec eux quantité de micro-organismes, comme autant de passagers clandestins. Seules de très rares bactéries extrêmophiles sont susceptibles de résister aux conditions agressives de l'espace, avec les écarts thermiques dantesques, le rayonnement solaire, l'absence d'oxygène, cependant de tels êtres vivants existent bel et bien, fragiles s'ils sont isolés, plus tenaces en colonies. Une expérience menée à bord, ou plutôt à l'extérieur de la Station Spatiale Internationale, entre 2015 et 2018, a démontré que des cultures de *Deinococcus radiodurans* ont réussi à se maintenir durant trois ans dans le milieu extra-atmosphérique, employant un mécanisme adaptatif particulier, s'entourant d'une couche de cellules mortes pour se protéger des ultraviolets – et l'état dans lequel elles se trouvaient à l'issue de l'expérimentation laisse penser qu'elles pourraient survivre jusqu'à huit années.

Ces résultats offrent un tremplin à l'imaginaire, surtout si l'on pense à Voyager 1, la sonde partie de la Terre le 5 septembre 1977, qui est sortie de l'héliosphère, c'est-à-dire du champ d'action des vents solaires, et qui se trouve à plus de 22 milliards de kilomètres de nous à l'heure où j'écris. En un sens, cette pollution-là n'est pas de la même espèce que les autres, elle a quelque chose d'un défi excitant. Elle est peut-être, au moins sur le plan symbolique, une étincelle de propagation de la vie au cœur d'un univers mort.

Entre nature et culture

Dans le microcosme de la pensée écologique, le mot de « nature » est tombé en discrédit. La plupart des auteurs dont la voix porte aujourd'hui n'écrivent plus ni ne prononcent ce terme, et celui qui a le mieux expliqué les raisons de ce choix lexical est Baptiste Morizot, au début de *Sur la piste animale* (2017) :

> « "Où allons-nous demain ?" "Dans la *nature*." Pour notre groupe d'amis, la réponse a longtemps été évidente, sans risque et sans problème, inquestionnée. Et puis l'anthropologue Philippe Descola est arrivé avec son livre *Par-delà nature et culture*, et il nous a appris que l'idée de nature, c'était une croyance étrange des Occidentaux, un fétiche de cette civilisation qui justement a un rapport problématique, conflictuel et destructeur à l'égard du monde vivant qu'ils appellent "nature". »

Je précise que *Par-delà nature et culture* a été publié en 2005. Plus loin, Morizot précise les chefs d'accusation :

> « Le mot de "nature" n'est pas innocent : il est le marqueur d'une civilisation vouée à exploiter massivement les territoires vivants comme de la matière inerte et à sanctuariser des petits

espaces voués à la récréation, à la performance sportive ou au ressourcement spirituel. »

Selon le consensus légèrement paradoxal qui s'est instauré dans le petit milieu des *humanités écologiques*, la notion de « nature » pose en effet un double problème.

D'abord, elle a été forgée par les Occidentaux à l'âge classique, afin d'asseoir un projet de domination et d'exploitation à l'échelle planétaire, entreprise de mainmise scientifique et technique dont la *baseline* fut génialement formulée par René Descartes dans son *Discours de la méthode* (1637) : « Nous rendre comme maîtres et possesseurs de la nature. » En instituant l'opposition entre nature et culture, les Modernes ont proclamé la supériorité de cette dernière et lancé un programme impérialiste global, qui s'est traduit par la déforestation, par l'agriculture et l'élevage intensifs, par la surpêche, par l'extraction du charbon, du gaz, du pétrole, des minerais. Ainsi, le mot de « nature » serait indissociable de cette quête de puissance dont nous voyons à présent les conséquences désastreuses se multiplier sans que nous soyons capables d'arrêter son élan.

Ensuite, beaucoup de penseurs contemporains ont à cœur de « déverdir l'écologie », et la vieille antienne de la défense de la nature apparaît comme un frein. Depuis que la majorité de l'humanité habite en ville, il est devenu évident que l'écologie urbaine représente un enjeu majeur, sinon le principal. Une métropole est un lieu saturé de déchets en tous genres, de déjections humaines et animales, de bactéries, de gaz à effet de serre, de particules lourdes, de substances médicamenteuses, de perturbateurs endocriniens. C'est aussi un univers où s'épanouissent les espèces dites synanthropiques – celles qui tirent parti de la proximité des humains – comme les rats, les cafards, les fourmis, les lépismes argentés, les moustiques dans les régions chaudes. De surcroît, une ville est vulnérable en cas de pandémie, puisque, considérés du point de vue d'un virus, quelques arpents de terrain consacrés à la monoculture humaine ne sont rien d'autre qu'une aire de propagation idéale, une promesse de festin. Par conséquent, c'est la santé des écosystèmes urbains qui devrait aujourd'hui mobiliser nos intelligences, et la vieille notion de nature fait obstacle ; tant qu'on restera convaincu qu'il y a d'un côté des milieux naturels et de l'autre des univers urbains, le rôle de l'écologie sera largement interprété comme la défense des premiers contre l'extension des seconds.

Mais si l'on cesse d'employer le mot de « nature », de quoi va-t-on parler ? Chaque auteur a sa solution. Certains se réfèrent à « Gaïa » ou aux termes plus scientifiques de « système-Terre » et de « zone critique », cette dernière étant définie comme la fine pellicule, allant des roches mères jusqu'à la basse atmosphère, où la vie est présente sur notre planète (James Lovelock, Bruno Latour). D'autres utilisent l'expression de « communauté biotique » (Aldo Leopold) ou préfèrent de manière plus simple évoquer la « trame du vivant », voire « le vivant » tout court (Baptiste Morizot, Vinciane Despret). Quelques-uns se réfèrent à la « biosphère » (E. O. Wilson, Timothy Morton) et un courant à part invoque quant à lui la « terre », de l'anglais *land* (c'est la *land ethic* ou « éthique de la terre » proposée par Aldo Leopold et John Baird Callicott).

Et pourtant, malgré toute l'admiration que j'ai pour Philippe Descola et mon intérêt pour les travaux que je viens de citer, je compte bien dans cet essai braver l'interdit et continuer à employer le mot de « nature ». Comme ce terme est en procès dans la pensée contemporaine, je vais justifier mon choix en donnant à mon tour trois raisons.

La première raison est indirecte : je ne suis pas à l'aise avec l'argument selon lequel il faudrait abandonner un mot au motif que de mauvais emplois en ont été commis par le passé. À ce compte-là, il y a bien des vocables qui sont devenus infréquentables : « démocratie » a été mis à toutes les sauces et a été instrumentalisé par maints régimes autoritaires, comme les démocraties populaires d'Europe de l'Est durant la période soviétique ou la République démocratique du Congo ; le « socialisme » a été déshonoré ne serait-ce que par la tragique entreprise du national-socialisme ; et même des noms communs en apparence inoffensifs comme « homme », « femme », « peuple », « croissance », « normal », sans parler de « justice », de « vérité » ou de « Dieu », ont servi des courants de pensée pour le moins contestables, voire des idéologies meurtrières. La liste ne s'arrête pas là et, si l'on devait vraiment éliminer du dictionnaire l'ensemble des termes qui ont, à un moment ou à un autre, servi à promouvoir des projets de domination, il y a de fortes chances qu'on réduirait celui-ci aux dimensions d'un modeste fascicule. Plutôt que de mettre des mots à l'index, au risque d'appauvrir la langue et donc la pensée, il me paraît pertinent d'affiner leur définition et leurs modalités d'usage de telle façon qu'ils ne soient plus dévoyés.

Ma deuxième raison tient aux spécificités du domaine qui m'occupe, c'est-à-dire de l'esthétique au sens large, puisque je m'intéresse à ce que nous ressentons face aux paysages. Les scènes maritimes de William Turner nous montrent-elles la zone critique ? En peignant la mare de son jardin de Giverny, Claude Monet a-t-il eu pour intention de représenter une communauté biotique ? Vincent Van Gogh rendait-il avec sa pâte nerveuse des écosystèmes agricoles ? Les romantiques Wordsworth, Goethe, Emerson ou Thoreau invoquaient-ils dans leurs poèmes et leurs descriptions sentimentales la biosphère ? Le ciel étoilé, les banquises ou les déserts appartiennent-ils au tissu du vivant ? On sent bien que le vocabulaire de la biologie ou de la philosophie contemporaine est légèrement inadapté et décalé, dès qu'il s'agit de rendre compte des expériences esthétiques passées ou présentes. Contrairement à la science, l'esthétique s'accommode mal d'un langage spécialisé, que n'irriguent pas les émotions communes ; elle a plutôt son terreau dans la vie ordinaire et le vocabulaire partagé. À cet égard, le terme de « nature » a un immense avantage sur les autres : tout le monde sait de quoi on parle ! De la même façon, il est pertinent de traiter en esthétique du « paysage », alors que ce concept n'a aucun sens géographique précis.

Ma troisième raison tient à une proposition que je voudrais avancer, concernant la relation entre nature et culture. Les premiers Modernes l'ont conçue comme une opposition nette, massive. Mais n'est-il pas temps d'abandonner cette vision des choses manichéenne et dramatique pour considérer qu'il y a, entre nature et culture, plutôt qu'un antagonisme, une gradation ? Quand vous écoutez de la musique, vous ne pouvez pas tourner le bouton du volume complètement vers le –, car alors vous plongez dans le silence, mais pas non plus à fond vers le +, car le son serait assourdissant et les notes inaudibles. Apprécier une musique n'est donc envisageable qu'en se situant quelque part entre le + et le –, dans un entre-deux. Je sais bien que cette idée d'entre-deux, de compromis, d'espace intermédiaire n'est pas très satisfaisante intellectuellement ; nous préférons les affirmations franches, les abstractions tranchantes. Et pourtant, quel que soit le paysage ou le milieu où nous sommes, nous nous situons toujours *entre* nature et culture.

Admettons que je me trouve dans un tunnel du métro ou un parking souterrain. Il est difficile d'imaginer un lieu plus artificiel. Toutefois il y a encore de l'air, des colonies de bactéries, des microbes, divers insectes, larves et invertébrés. Sans compter que je suis là, moi, lointain représentant d'une espèce de primates originaire d'Afrique. La nature n'a donc pas été entièrement congédiée par le béton, la céramique, les peintures industrielles, les éclairages au néon, les détergents à base de Javel. Au doigt mouillé, je pourrais soutenir que je suis dans un milieu à 80 ou à 85 % artificiel, où subsistent 15 % de nature.

Inversement, si je pars me promener dans la vallée du Vénéon, au cœur du massif de l'Oisans, au commencement de l'hiver, et que la première neige a recouvert les chemins, les murets et les cairns, j'ai le sentiment d'être pour de bon dans la nature. Malgré tout, le kérosène que répandent les avions dans le ciel se dépose aussi dans cette vallée, les générations passées y ont créé des terrassements, il y a ici et là des panonceaux destinés aux randonneurs et des détritus abandonnés, sans même considérer les innombrables matières synthétiques, du caoutchouc de mes semelles à la toile de mon sac, de mon trousseau de clés à mon K-Way, de ma gourde à mon téléphone portable, que je transbahute avec moi. Au final, il ne serait pas aberrant d'estimer que je suis dans un lieu à 80 ou à 85 % naturel, et à 15 % artificiel.

Ce sont là deux extrêmes, car d'habitude je me trouve dans des contextes plus mélangés, plus proches du cinquante-cinquante.

De telles évaluations sont certes fantaisistes mais j'évoquerai, pour donner davantage de force à cette façon de voir, un curieux calcul qui a été mené récemment par un groupe de chercheurs de l'Institut Weizmann des sciences en Israël. Ces scientifiques ont estimé la biomasse totale présente sur le sol terrestre – autrement dit la masse de tous les vivants, végétaux et animaux, que supporte notre planète – à 1,1 tératonnes (un peu plus de 1 million de milliards de kilos). D'après eux, la masse des objets produits par les hommes, parmi lesquels il faut compter les infrastructures, les bâtiments et les ponts, les avions et les automobiles, a franchi cet ordre de grandeur aux alentours de 2020. Ainsi, il y a aujourd'hui à peu près autant de matière vivante que de matière manufacturée sur Terre. Le même article donnait deux autres points de comparaison frappants : les animaux terrestres et marins pèseraient 4 gigatonnes, or il y aurait 8 gigatonnes de matière plastique ; la totalité des arbres pèserait 900 gigatonnes, et celle des bâtiments 1 100 gigatonnes. Si ces estimations sont justes, alors on n'est effectivement pas loin du cinquante-cinquante entre le vivant et l'artifice.

En somme, le terme de « nature » est problématique et dommageable, si nous l'absolutisons, si nous l'assimilons à de la matière première inerte ou si nous considérons que la culture en est foncièrement détachée. Mais si, au contraire, nous considérons qu'il désigne l'un des pôles de l'expérience du monde, que la culture représente l'autre pôle, et que nous oscillons toujours entre ces extrêmes sans jamais en toucher un seul, alors se référer à la nature redevient pertinent. Quand je dis : « Demain, on va dans la nature », pour reprendre l'exemple donné par Baptiste Morizot, j'annonce que je m'apprête à quitter un endroit majoritairement artificiel (le logement, la ville) pour me balader dans un espace majoritairement naturel (la forêt, la montagne). Et j'ai besoin de ce changement d'air !

Les tentacules de l'histoire

Lorsqu'il aborde pour la première fois dans l'île de Kolgouev, cette galette de terre perdue en mer de Barents, au-dessus du cercle arctique, l'écrivain et journaliste Vassili Golovanov ne sait pas encore qu'il y sera attiré, magnétiquement, pendant dix années, ni qu'il consacrera à ces confins désolés de la Russie un livre ample, ambitieux, chef-d'œuvre âpre et surprenant comme son sujet, l'*Éloge des voyages insensés* (2008).

Cependant, la prise de contact avec celle qu'il appellera par la suite « mon île » est un choc. Les images qu'il a conservées de ce moment précis sont presque déplaisantes, aussi éloignées que possible des notions de charme ou de beauté, et pourtant il s'agit pour lui d'un coup de foudre géographique.

Voilà ce qu'il voit, tandis que le canot à moteur se rapproche du débarcadère :

> « À gauche dans le sens de la marche : le tuyau avec la pompe qui clapote, le trou marécageux au fond du ravin, la carcasse immergée d'un véhicule tout-terrain, et quelques bidons rouillés. Plus loin : deux baraques, un chien attaché qui aboie, quatre ivrognes qui titubent, ivres morts. »

Moins d'un an plus tôt, le 26 décembre 1991, la chambre haute du Soviet suprême a officiellement dissous l'URSS, et depuis l'ensemble du système communiste est à l'arrêt. En témoigne cette autre vision de Golovanov :

> « À droite, un tout-terrain. Pas une carcasse, un tout-terrain entier. [...] Un phare et la cabine du conducteur étaient cassés, la rouille, souveraine, rongeait imprudemment toute la carrosserie et... il n'y avait aucune trace derrière l'engin. Il n'était pas encore absorbé par la terre, mais il y était déjà englué. L'herbe se faufilait entre les chenilles, poussait entre les lames. »

Ce spectacle crée en lui une tension assez compréhensible. Mettez-vous à sa place. Vous avez rêvé un lieu d'après des récits et des cartes, des photographies plus ou moins datées. Et puis, lorsque vous vous y rendez, c'est comme lorsque vous rencontrez quelqu'un dont la physionomie réelle est sans rapport avec le médaillon de son profil Facebook ; le coin de paradis que vous croyiez gagner se révèle vieilli, raviné, glauque. Vous avez pris le train et le bateau, vous avez dépensé beaucoup d'argent et de temps pour aller au-devant du merveilleux, au lieu de quoi vous vous retrouvez face à une dévastation pire encore que ce que vous fuyez.

On pourrait parler tout simplement de déconvenue, mais Golovanov rend compte de son trouble dans des termes plus subtils (il raconte la scène à la troisième personne du singulier, comme si elle était encore brûlante à sa mémoire et qu'il voulait ménager une distance) :

> « Sans qu'il sût pourquoi, l'Île suscitait en lui des sentiments obscurs, archaïques ; elle exigeait de lui qu'il se mît au diapason

de ce qui, de partout, débordait d'elle. Pour avoir le droit de contempler sa gueule ivre et ses dents pourries, elle exigeait le meurtre. Pas celui de ce misérable cabot, mais celui du rêve. Du rêve qui l'avait guidé pendant de longues années.»

L'île n'a qu'une ville, ou plutôt un village qui compte moins de cinq cents âmes, Bougrino. Figurez-vous une série de baraquements plantés en bordure d'un ravin charriant les eaux usées. Pas de rues asphaltées, pas de réverbères, pas de place centrale, mais juste ces habitations de ciment et de tôle, espacées les unes des autres sur la plaine fangeuse. Il n'y a pas de délimitations des propriétés. Ni haies, ni jardins. Près du débarcadère, un hangar a été transformé en discothèque ; toute la nuit et jusqu'aux premières lueurs de l'aube, le grondement pulsé des basses s'en échappe – avec les débits de boissons, c'est l'un des rares postes de l'île qui vend de l'évasion.

Autrefois, sous le régime soviétique, Kolgouev ne connaissait sans doute pas la prospérité, mais sa survie économique était assurée grâce à ses élevages de rennes subventionnés, au commerce des peaux encadré par l'État, et cela suffisait à pourvoir aux besoins de la population autochtone, les Nénètses. Cependant cette activité non rentable, impossible à maintenir dans un système capitaliste, a coulé avec l'URSS. Au nord de l'île, un forage de pétrole continue d'être exploité. Sans quoi, il n'y a rien. C'est la misère. On boit pour oublier.

Ce que comprend Golovanov dans les minutes de son arrivée, c'est que son rêve – celui de trouver enfin un Dehors, un havre d'absolue innocence – est vain, qu'il s'est nourri d'un idéal fallacieux, que l'espérance qu'il avait fait correspondre au nom de Kolgouev n'est qu'une illusion romantique.

Mais c'est là qu'intervient le plus intéressant de sa description :

> «Il réfléchit : il était prêt à tout sacrifier, mais pas le rêve. Le rêve ne lui avait rien fait. Le rêve était innocent. Il décida de l'emporter à l'écart, loin des hommes, de trouver quelque chose qui lui donnerait de la vigueur.»

Cet effort-là, à mon sens, nous l'avons tous fait un jour ou l'autre, bien qu'il ait rarement été décrit avec tant d'acuité.

Puisque la part sauvage de la Terre nous est inaccessible, qu'elle se réduit comme peau de chagrin, puisque les paysages que nous avons sous les yeux au quotidien sont couverts de chapes de ciment, de hangars et de véhicules à l'arrêt, hérissés de pylônes, nous pouvons essayer, en nous-mêmes, d'opérer un *déplacement de la sensibilité esthétique*. Il s'agit de réapprendre à voir le beau dans des sites qui ne ressemblent à aucun poster, à aucun fond d'écran, à aucune représentation picturale. Il entre bien sûr dans cette opération de modification du regard un rien d'autosuggestion. Mais l'enjeu n'est pas seulement de se vaincre ou de se convaincre : passé la première phase, difficile, de cette mue de la sensibilité, un nouvel accès au monde nous est offert, qui se rapproche beaucoup de ce qu'on appelle l'*amor fati* ou «amour du destin». De même qu'il est indispensable, pour se réjouir de la vie telle qu'elle est, d'accepter qu'elle ait un terme, de se réconcilier avec le tragique et la part d'ombre, la gageure est ici d'élargir notre regard et d'accueillir ce qui nous blesse. Afin d'être capable de séjourner à Bougrino, d'apprécier Kolgouev malgré tout, Golovanov doit donc envisager un amour inconditionnel de la vie et du monde, tels qu'ils sont. C'est une épreuve et cela le plonge dans un état assez proche de l'extase, comme en témoignent ces lignes sur lesquelles s'achève la scène de l'arrivée :

> « Soudain, le soleil jaillit de derrière les nuages, un miroir d'argent s'embrasa au loin sur la mer, s'illumina, et dans le ciel se déploya une telle parade de nuages qu'il faillit crier de ravissement. »

Voilà bien le type d'initiation ou d'*ouverture intérieure* qui permet de sauver le rêve de beauté même quand la quête d'exotisme s'est avérée un leurre. Or, faire un tel saut suppose aussi d'accepter un changement de régime de temporalité. C'est sans doute là le point principal et il mérite une explication.

Considérons, au-delà de la bourgade de Bougrino, les vastes étendues de Kolgouev, encore incultes. Les mousses et les herbes y ont des teintes étranges, presque phosphorescentes ; d'être couvertes de neige à longueur d'année elles prennent, à la lumière, de curieuses irisations, comme une plaie longtemps cachée par un pansement. Il y a ici et là des sources et des rigoles d'eau sur la plaine aux faibles ondulations. Les oiseaux de mer volent et jettent leurs cris dans le vent froid. De tels environnements ne sont pas atemporels ; ils connaissent des variations, mais ils sont pris dans des rythmes lents, ceux des cycles de la Lune, du passage des saisons, de l'évolution des espèces, du glissement des plaques tectoniques. C'est une temporalité étale, si large, si accueillante qu'on a presque l'impression, dans ce genre de lieu, que les secondes, les minutes, les heures ne s'écoulent plus, qu'il n'est plus aucune unité de mesure conventionnelle qui vaille – en somme, que l'espace a mangé le temps.

Maintenant, supposons que vous introduisiez dans un tel panorama un seul élément artificiel, témoignant de l'activité humaine. Une route, un panneau indicateur, une usine ou même un simple bidon d'essence. Par cet ajout, c'est le paysage tout entier qui bascule dans le temps humain, dans l'histoire de la civilisation industrielle. Ce qui frappe dans ce nouveau régime de temporalité, c'est la rapidité de l'obsolescence et de la dégradation. Sans un entretien méticuleux, les édifices humains se transforment rapidement en ruines et il n'en reste plus que le squelette dressé vers le ciel. Quant aux machines, elles deviennent inutilisables après être restées quelques mois éteintes.

Comparée au temps long et quasi spatial de la nature, l'histoire humaine est convulsive, liée à l'essor et au déclin des empires – ce qui est vrai pour la Russie communiste, mais s'applique également au monde capitaliste. Elle est hachée par les guerres et les révolutions, secouée par les crises financières et les cycles économiques. Le problème humain est celui de l'impossible maîtrise, d'un projet toujours renouvelé de conquête et de domination qui ne laisse derrière lui que des décombres.

Du point de vue esthétique, le problème n'est donc pas vraiment la gravité effective de la pollution qu'introduisent la route, l'usine ou le bidon de métal abandonné : c'est plutôt que le plus inoffensif de ces éléments suffit à dater un paysage entier, à le relier à nous, à nos manigances et à nos objectifs, et donc à lui faire perdre sa majesté, son indépendance. En multipliant les signes de notre occupation du monde, nous frappons celui-ci du sceau de notre propre finitude, de notre caducité. Nous pouvons, bien sûr, sauver le rêve et continuer d'éprouver du ravissement même dans ces conditions. Mais il nous faut, pour cela, accepter d'avoir constamment sous les yeux le spectacle de notre propre mortalité. Et ce saut est celui qu'exigent de nous la plupart des paysages du XXIe siècle, si nous voulons les apprécier pour ce qu'ils sont, et non pour ce qu'ils devraient être.

Dans le jargon des sciences sociales, on emploie le verbe «historiciser» pour désigner la démarche qui consiste à réinscrire un concept, un courant de pensée ou un phénomène dans son contexte historique d'émergence et de développement. Eh bien, on peut dire de la civilisation industrielle qu'elle historicise les paysages, qu'elle les plonge dans l'histoire humaine comme dans un bain d'acide.

Du reste, cela explique que toute personne qui a la chance d'aller marcher et camper quelque temps à l'écart des zones habitées, en immersion dans l'un des derniers territoires naturels encore indemnes, vit le retour à la civilisation comme un arrachement, une violence. Loin de nous réjouir de retrouver le confort, de prendre enfin une bonne douche et un repas chaud, notre première réaction est à la répulsion instinctive. Le malaise nous envahit sitôt que nous apercevons les premières voitures, les premières maisons. Parce que nous étions hors de prise, délivrés des intrigues sociales et des rôles que nous avons à y tenir, mais aussi de la pensée obsédante de l'échec et de l'échéance, et qu'il nous faut les retrouver. Nous faisions corps avec le ciel et la terre, avec le vent poussant les nuages et les lichens habillant les rochers, nous prenions part à la symphonie naturelle sans nous soucier de rien d'autre ; et voilà que la civilisation nous oblige à prendre conscience de la marque de nos vêtements.

Cette pénible réacclimatation a été très bien dépeinte par l'écrivain américain Peter Matthiessen à la fin du *Léopard des neiges* (1978). Matthiessen est un drôle de bonhomme, qui a reconnu avoir travaillé comme agent secret pour la CIA et avoir utilisé, comme couverture, son rôle de cofondateur de la *Paris Review*, célèbre revue littéraire lancée à Paris dans l'après-guerre. Il n'a donc jamais cessé d'espionner le milieu intellectuel et artistique tout en écrivant lui-même de bons livres. L'événement pivot de son existence fut le décès de sa femme Deborah, avec laquelle il entretenait une relation houleuse et dont il était déjà séparé, emportée par un cancer en 1972. Peter Matthiessen resta à son chevet dans la chambre d'hôpital, échangea jusqu'au bout avec elle des paroles tendres. Après l'avoir perdue, hébété de chagrin, il partit en compagnie d'un ami naturaliste en expédition sur les hauts plateaux du Népal. Ils y passèrent des semaines au milieu des neiges éternelles, des bharals et des yacks. Matthiessen observait la nature en se recueillant et en remâchant son deuil, douloureux car il n'avait certainement pas été un mari au-dessus de tout reproche. Après cette expérience du froid et de l'immensité, cette longue méditation sur la perte de l'être aimé et la culpabilité du survivant, il raconte ainsi les retrouvailles avec le monde des humains :

> «En longeant les collines de la Bheri cet après-midi, je me suis rappelé l'importance de ne pas trop parler, de ne pas bouger trop brusquement après une semaine de retraite zen et de silence ; et aussi le difficile decrescendo qui succède à l'ivresse des hallucinogènes ; il est capital de n'émerger que progressivement de cette chrysalide, de faire sécher ses ailes encore humides dans le calme, au soleil, comme un papillon, pour éviter un déchirement psychique trop brutal. Certes, j'ai

vécu des jours de silence ainsi qu'un voyage intérieur halluciné et voici maintenant cette brusque dénivellation. Quelle qu'en soit la raison, je descends trop vite ; trop vite pour quoi ? [...] Loin de célébrer mon grand voyage, je me sens mutilé, agressif : je perçois en moi un tumulte d'énergies funestes... »

Sortir complètement des lieux habités ou façonnés par les humains n'est pas une expérience anodine. Dans la nature sauvage, l'humain a la possibilité de mettre en sourdine ses tourments et de ne plus dissocier son existence de celle des autres vivants, de se sentir appartenir à ce qui est là sans début ni fin précise, les montagnes, les éléments. On fusionne avec la présence. Ce qu'on aimerait, au moment de redescendre dans la vallée, c'est rapporter avec soi cette délivrance, maintenir ce calme intérieur comme un trésor, or c'est l'adverse qui advient fatalement. On sent, dès que les premiers toits sont en vue, que la meute des passions, comme un « tumulte d'énergies funestes », se réveille, se met à tirer sur la corde et aboyer de nouveau. Parce que revenir à l'hôtel, s'allonger sur un lit, poser sa tête sur un oreiller, éteindre la lumière électrique à l'interrupteur, c'est avoir quitté les territoires de l'ineffable et être redevenu mortel.

La confiscation des couleurs

Aux abords des grandes villes, il se passe de drôles de choses avec les couleurs. Quand on entre dans la périphérie, elles s'éteignent toutes, ou presque, pour être submergées par les gris. C'est que le matériau de construction dominant est le béton, que les chaussées et les trottoirs sont goudronnés, que les pots d'échappement laissent un voile charbonneux sur les façades et les talus, que les lopins en friche ont, de loin, un aspect terreux, et que la première couche de l'atmosphère est souvent remplie de smog. Cependant, cette extinction ne se remarque pas forcément, car elle est accompagnée d'un autre phénomène : toute la couleur qui a été siphonnée dans le paysage, que n'ont plus les feuillages ni les fleurs, les nuages ni les étoiles, semble réinjectée, de façon ultra-concentrée, pimpante, dans les enseignes et les publicités. Dans les espaces périurbains, ce qu'il subsiste de nature est terne, tandis que scintillent les ampoules des réverbères, les phares des voitures, les balises rouges, orange ou blanches des pylônes et des câbles accrochées à des fins de protection du trafic aérien, mais aussi les logos de la grande distribution.

Cela, je l'ai saisi en lisant un curieux livre du poète et romancier anglais Iain Sinclair, *London Orbital* (2006). Pour cette somme de plus de sept cents pages, Sinclair s'est lancé lui aussi dans un périple insensé : il a décidé de randonner à pied, tantôt seul et tantôt accompagné par des amis artistes ou marginaux, le long de la M25, l'autoroute orbitale de Londres, qui fut inaugurée par Margaret Thatcher le 29 octobre 1986 et qui mesure entre 188 et 196 kilomètres (facétieux, Sinclair remarque qu'il n'y a pas de consensus sur sa longueur exacte). Rétif aux spéculations théoriques, Sinclair se contente de produire un énorme croquis de mots, c'est-à-dire qu'il liste ce qu'il voit, qu'il énumère les détails sans leur donner de signification, pour le simple plaisir, semble-t-il, de consigner dans un livre des objets qui n'ont rien de littéraire, des dépôts de scierie et des jambes de pont, des parkings pour poids lourds et des fourrières, des résidences vieillissantes et des campements de gitans. Sa puissance, c'est précisément qu'il ne sélectionne pas ni ne hiérarchise, il ne valorise pas spécialement les lieux chargés d'histoire, il fourre le réel, en vrac, dans son roman, comme si la poésie allait naître spontanément par collage et accumulation. Il n'y a aucune arche narrative, aucun but à cette marche circulaire, qui produit sur le lecteur un effet hypnotique, à la manière d'une musique concrète ultra-répétitive.

Cependant, au bout d'une cinquantaine de pages, une évidence s'impose : Sinclair a une sensibilité spéciale pour les couleurs. Il note : «Le cri écarlate du dépôt de meubles combat le dégradé gris ardoise de la route, de la rivière et du ciel.» Ou encore : «Les toits verts pentus du National Institute for Medical Research, un complexe effrayant (appelé par ses pensionnaires l'"anneau de benzène"), prennent le soleil de midi de plein fouet.» Et puis il y a cette réflexion, beaucoup plus rare chez lui qui se veut si neutre, car elle contient presque un jugement ou du moins une clé de lecture du paysage périurbain : « La nature, soumise et abusée, est grise. Nous nous contentions volontiers des variantes du gris : du gris argent au gris cambouis. Il suffit de monter sur une passerelle au-dessus de la M25, n'importe où entre l'échangeur 26 en lisière d'Epping Forest et la sortie de l'échangeur 25 pour Epping, et l'on contemple le trafic à travers la dentelle de verdure, les plantations de bord de route, les jeunes arbres étouffés nourris au diesel. Le contexte de la vallée se révèle : enclos boueux rasés au bulldozer en vue de futurs aménagements, nouveaux systèmes de bretelles, maisons cubiques jaune-beige pour primo-accédants ; collines basses, boisées ; chlorophylle persistante d'Enfield Chase et ses environs. Terrains conquis. »

Ainsi, dans les banlieues aisées, il y a encore une hésitation ou un équilibre possible : le vert des feuillages et des herbes n'est pas tout à fait effacé, il persiste, mais sous pression accrue de l'urbanisme. Plus la densité du bâti augmente, plus le maussade l'emporte. Les couleurs artificielles ont donc une fonction existentielle : à la manière d'un subterfuge ou d'un trompe-l'œil, elles sont là pour compenser la grisaille, pour la faire oublier. Et bien sûr, elles n'y suffisent pas.

Car il est une différence essentielle entre les couleurs de la nature et les couleurs synthétiques de la civilisation industrielle. Prenez le rouge de l'enseigne d'un Buffalo Grill, le bleu de Décathlon, le jaune du soleil coiffant l'entrée des supermarchés Walmart : que la teinte soit coulée dans la masse, comme c'est le cas la plupart du temps avec les matières plastiques, ou qu'elle soit projetée au pistolet sur une surface métallique ne change pas grand-chose à l'affaire, elle apparaît comme une qualité indissociable de l'objet.

Les philosophes de l'âge classique, comme René Descartes ou John Locke, distinguaient les *qualités premières* et les *qualités secondes*. Considérons un morceau de chocolat. Le fait qu'il occupe une petite portion d'espace, c'est-à-dire qu'il ait trois dimensions, ou qu'il possède une masse, sont des qualités premières ; je ne peux pas imaginer du chocolat en deux dimensions ou sans masse. Mais si je le goûte et que je fais un commentaire, comme « Il est trop sucré » ou « Il est amer », je me réfère cette fois-ci à une qualité seconde, qui n'appartient pas en propre à l'objet mais que, selon mon organe de perception et mes préférences, je lui ajoute. Or les couleurs, pour ces philosophes classiques, sont sans aucun doute des qualités secondes et non des qualités premières. En effet, un chien ou un taureau ne voient pas les mêmes couleurs que moi ; la couleur que je perçois est donc liée à mon œil, et celui-ci ne détecte pas l'ultraviolet ni l'infrarouge. La couleur dépend également de la lumière ambiante ; s'il fait nuit et que la cuisine est plongée dans la pénombre, le carré de chocolat est gris. Et puis, la couleur que je perçois subit l'influence de ce qui se trouve autour. C'est ce qu'on appelle l'« illusion de contraste » : le même carré marron m'apparaîtra clair sur un fond rouge et sombre sur un fond jaune. Ces observations convergent, la couleur semble vraiment un attribut que je prête aux choses et non une qualité fondamentale des choses elles-mêmes.

Sans trancher le débat sur l'objectivité ou la subjectivité des couleurs, qui est en fait très ardu si on veut aller au fond des arguments, je me contenterai simplement de remarquer que, dans le cas des objets industriels – que ce soient les carrosseries des voitures, les tôles des hangars, les enseignes, les logos –, tout se passe comme si la couleur acquérait le statut d'une qualité première. Ainsi, je soutiens qu'il existe un régime chromatique spécial des artefacts, qu'il convient de dissocier du régime chromatique des entités naturelles.

À l'appui de cette thèse, j'appellerai deux arguments. D'abord, nous ne rencontrons jamais des couleurs unies, invariables, répétées à l'identique dans la nature. D'un point de vue physique, nous savons que le spectre électromagnétique de la couleur est un continuum. C'est pourquoi, dans la nature, seuls existent les dégradés, les passages continus d'une teinte à une autre, les nuances, les mélanges. Cependant, pour des raisons qui tiennent à la fois à la physiologie de la perception humaine et à la tradition, dans ce continuum, nous avons isolé des couleurs particulières, des étapes si l'on veut, auxquelles nous avons décidé de donner un nom, et qui nous servent de points de repère. Les couleurs principales que nous autres humains avons identifiées, et que nous nous empressons d'apprendre aux enfants dès qu'ils commencent à parler, sont grosso modo celles qu'on trouve dans une boîte de feutres standard : le bleu, le vert, le jaune, le rouge, le marron, l'orange, le rose… Les objets manufacturés sont conçus et façonnés selon ces conventions ; ils nous mettent sous les yeux notre propre ABC ou notre grammaire chromatique conventionnelle et pas du tout la richesse virtuellement infinie du spectre au complet. En territoire périurbain, au milieu du gris, ne reste donc que cette palette de couleurs assez pauvre, voire carrément sommaire, que nous projetons sur le monde.

Ensuite, la couleur des objets naturels fluctue, je veux dire par là qu'elle change, tremble, palpite sans cesse. Même lorsque l'objet est immobile, comme un rocher ou la paroi d'une montagne, sa couleur est encore en mouvement, selon les modulations de la lumière, selon aussi que je m'approche ou m'éloigne de lui. Les objets naturels ont donc une couleur extrêmement instable, alors que les objets manufacturés ont une couleur fixée, décidée une fois pour toutes. On ne peut pas imaginer l'étiquette de Coca-Cola autrement que rouge ni Hello Kitty sans sa robe rose.

Cela explique que, malgré leur vivacité parfois criarde, agressive, la multiplication des couleurs synthétiques dans le paysage périurbain ne compense pas l'extinction des couleurs naturelles – car on ne parle pas de la même chose. J'avais partout des couleurs qui, littéralement, respiraient avec moi (et l'on peut dire que la grande ambition de la peinture est de restituer cette respiration des couleurs naturelles), et je n'ai plus que des teintes figées, indifférentes au regard que je porte sur elles. L'enseigne Décathlon ne saurait rivaliser avec le bleu du ciel, l'enseigne Buffalo Grill avec le rouge sang, pas plus que le jaune Walmart n'a sur moi l'effet du sable éclairé par les rayons chauds du soleil ; ils n'en sont même pas de pâles imitations ou copies, car ce sont des couleurs codifiées, étalonnées et autoréférentielles, qui ne renvoient qu'à elles-mêmes, qui se trouvent enfermées dans une définition, tandis que les couleurs de la nature sont toujours ouvertes et indémêlables.

Poésie périurbaine

L'univers de la banlieue, comme laboratoire de l'interpénétration du naturel et de l'artificiel, ne manque pas d'intérêt et, s'il a souvent été dénigré pour sa laideur, son absence de caractère, son côté *sans âme*, il se prête aussi à la promenade et à la contemplation. Une fois qu'on a accepté d'être entouré par les traces évanescentes que laissent les humains, de se trouver de plain-pied dans le tohu-bohu de l'histoire, il reste en effet possible de sauver le rêve, c'est-à-dire de se maintenir en état de réceptivité esthétique et de connaître d'authentiques illuminations.

Comme souvent, ce sont les poètes et les artistes qui font ici figure de précurseurs, qui ont su poser un regard différent sur la banlieue.

Au début du XXe siècle, un groupe de littérateurs marseillais, les Excursionnistes, ont décidé de se réapproprier leur territoire. Non seulement ils se mirent à écrire en langue d'oc mais, pour puiser l'inspiration, ils quittaient la ville à pied, arpentaient ses faubourgs, se faisaient fort d'aller « boire l'air » des collines alentour.

Dans les années 1950, les situationnistes, à la suite d'Ivan Chtcheglov ou de Guy Debord, ont prôné la « dérive psychogéographique » : une démarche qui consiste à se donner un territoire urbain et à l'explorer pendant plusieurs jours ou plusieurs semaines, à pied, en multipliant les rencontres, en dormant n'importe où, en s'enivrant, et en emportant avec soi des supports – carnets de notes ou de dessins, appareil photo – afin de nourrir avec ces aventures une création artistique.

Curieusement, cette pratique a inspiré les romanciers britanniques des années 1990, Iain Sinclair bien sûr, mais aussi Will Self, auteur d'un recueil de prose intitulé *Psychogeography* (2007). Il explique s'être sevré de l'héroïne en pratiquant des marches périphériques, qui lui procuraient, soutient-il, des flashes aussi puissants que la drogue. Le même Will Self considère que, lorsqu'on se trouve en voyage, pour vraiment connaître un pays, il convient de se rendre à pied de l'aéroport jusqu'au centre-ville de la capitale, afin de ne sauter aucun jalon, de n'ignorer aucune strate de la société, d'échapper à l'itinéraire touristique saturé de nobles reliques mais conçu pour éviter le prosaïque et le contact avec la pauvreté.

De nombreuses œuvres de l'écrivain allemand Peter Handke peuvent également se lire comme des odes à la rurbanisation. Dans son journal *Le Poids du monde* (1977), alors qu'il habite une maison à Clamart au sud-ouest de Paris et qu'il commence à sillonner les bois des environs, Handke note : « J'ai enfin un idéal : la banlieue ! » Cet idéal paradoxal, il l'a déployé dans certains de ses romans les plus ambitieux ; notamment dans *Mon année dans la baie de personne* (1994), dont le narrateur Gregor K., double de Handke, arpente inlassablement les Hauts-de-Seine entre Chaville, la forêt de Saint-Cloud et la Défense, ou encore dans *La Grande Chute* (2011), moins précisément situé, où l'on suit un personnage au bord de la folie qui marche depuis une maison isolée dans la forêt jusqu'au cœur d'une mégapole, et qui se laisse impressionner par ce qu'il voit, les joggers aux vêtements bariolés et les écailles de pommes de pin grignotées par les écureuils, les magasins d'électronique bon marché et les envols des corneilles.

Si ces initiatives furent d'abord isolées, si elles furent longtemps le fait de poètes et d'hurluberlus, elles sont néanmoins en passe de connaître une traduction collective, de s'institutionnaliser à travers le mouvement des sentiers périurbains, en plein boom.

En France, le coup d'envoi en fut le traçage du GR2013, un circuit de randonnée de 365 kilomètres dessinant une hélice autour de Marseille, créé par l'écologue Baptiste Lanaspeze et l'urbaniste Nicolas Mémain. Ce parcours, couronné par le Grand Prix d'urbanisme de l'Académie d'architecture, élu Meilleur Nouveau Sentier du monde par le *National Geographic* pour l'année 2013, ne passe à aucun moment *dans la nature*, mais il longe les débarcadères du port industriel et l'étang de Berre, traverse des cités-jardins de l'entre-deux-guerres et des grands ensembles des Trente Glorieuses, réactive des bribes de chemins utilisés sous l'Ancien Régime pour les transhumances des moutons arlésiens. Aujourd'hui, il existe une vingtaine de sentiers de randonnée similaires à travers le monde, autour de Paris et de Bordeaux, mais aussi de Liège, de Londres, de Boston, d'Athènes ou de Tunis… Un tel mouvement vise à réinventer le tourisme de masse là où tout est réputé moche, ennuyeux et hostile. Sur ces chemins de banlieue, on ne trouve pas la même ambiance sportive qu'en montagne. Pour aller marcher dans des endroits aussi improbables, il faut être prêt à renoncer au loisir dans son acception habituelle, à pratiquer une activité incompréhensible selon l'opinion majoritaire, à se confronter au vertige de l'anormalité, à être là où l'on n'a rien à faire.

Pour ma part, je voudrais signaler quelques figures principales ou *topoï* de la poésie périurbaine qui me semblent fournir un tremplin à des émotions neuves ; la petite liste qui va suivre n'est pas exhaustive et demanderait à être complétée.

La première chose qui frappe le promeneur des zones périphériques, ce qu'il va selon moi y chercher tout d'abord, c'est l'abondance des *espaces non assignés*. En centre-ville, le régime de la propriété est omniprésent, obsessionnel, tatillon. À l'intérieur du bâti, chaque mètre carré a un prix exorbitant. Du coup, il n'y a pas de déperdition, le moindre recoin ou appentis se voit valorisé. L'espace public est lui-même strictement quadrillé, avec ses trottoirs, ses passages piétons, ses pistes cyclables, ses sens interdits, ses voies pour bus et taxis, ses places de stationnement signalées par des marquages au sol. Il arrive, ici et là, que la démolition d'un immeuble insalubre ou des travaux en cours donnent naissance à un terrain vague, mais ce type de friche est rare et rapidement comblé par les promoteurs. En banlieue, cette manie de l'appropriation et de la rentabilisation des surfaces n'est pas abolie, et pourtant un certain jeu s'introduit. N'avez-vous pas remarqué que les maisons de la banlieue paraissent toujours ou trop petites, ou trop grandes ? Les bâtiments ne sont plus strictement proportionnés à leur usage actuel. Mais ce n'est pas tout, les cases du damier se disjoignent. Là, c'est une esplanade mal pensée, trop vaste ou exposée au vent, que les passants n'investissent pas. Ici, c'est un terre-plein qui forme un triangle inutile, ou un pré qui s'est retrouvé coincé entre une voie d'insertion et un centre commercial, et qui n'a plus de valeur, sur lequel faire pousser des parterres de fleurs ou des buis décoratifs serait coûteux et aberrant, auquel les cantonniers n'ont même pas accès. Ces *espaces pour rien* induisent un indéniable sentiment de liberté. Quand des milliers de mètres carrés autour de nous ont l'air de n'être entretenus par personne, de n'exister que pour eux-mêmes, cela procure une sorte d'ivresse assez semblable à celle qu'on éprouve dans le monde sauvage, alors même que les humains demeurent omniprésents.

L'un des pionniers de l'école de Chicago, qui a inventé l'écologie urbaine dans les années 1920, le sociologue américain Ernest W. Burgess, explique dans son article « La croissance de la ville – Introduction à un projet de recherche » (1925) que l'hypercentre des métropoles est cerné par une « aire de détérioration », c'est-à-dire par les faubourgs, souvent délabrés, dont la population est stationnaire ou en déclin. Cependant, il s'agit là en même temps d'une « aire de régénération », « comme en témoignent, écrit-il, les missions, les œuvres sociales, les colonies d'artistes, les centres radicaux – tous préoccupés par la vision d'un monde nouveau et meilleur ». Pour Ernest W. Burgess, les périphéries sont des lieux d'expérimentation, de création et d'utopie. Ce n'est peut-être pas ainsi que je les décrirais aujourd'hui, car l'anatomie générale des villes a beaucoup évolué. Néanmoins l'idée que c'est aux franges, aux marges qu'un processus vital redevient possible, que l'effilochement et la désagrégation du tissu urbain permettent l'irruption du nouveau, évitent à la ville de ne faire que vieillir en se fardant, en ravalant ses façades pour cacher sa véritable essence de momie, reste juste et s'éprouve presque physiquement dès qu'on franchit le périphérique parisien. C'est comme si on ouvrait une fenêtre – d'un moment à l'autre, on abandonne le muséal, la vie entre.

L'une des joies de la banlieue est aussi de découvrir des *chemins spontanés*, qui n'ont pas été voulus ni tracés par les urbanistes et qui sont repérables aux ornières qui se creusent ici et là, tantôt sur un trottoir non asphalté, tantôt le long d'une palissade ou entre les buissons d'un espace vert. C'est que la banlieue a été organisée en fonction des besoins de la circulation automobile. Cependant, une partie des humains – les jeunes, les plus démunis, les dealers et les rêveurs – reconsidèrent le plan d'urbanisme avec un œil de piéton, et ils inventent leurs propres itinéraires à travers un territoire qui n'a pas été aménagé pour eux, dont ils sont les laissés-pour-compte. C'est toujours une surprise agréable que de trouver le creux jaunâtre caractéristique, bordé d'herbes usées, signalant un tel chemin semi-clandestin. Bien souvent, il est intéressant de le suivre, car même s'il zigzague, il établit des raccourcis entre les pôles stratégiques de la ville nouvelle, entre les terrains de sport et les collèges, entre les zones commerciales et les lotissements. Ces chemins, du reste, ne sont pas très fréquentés, mais pas déserts non plus. À toute heure, sans raison apparente, des gens marchent en banlieue, transportant souvent un sac à dos ou un cabas. Ils ont un pas différent de celui des habitants du centre-ville. Ils sont moins clairement dirigés vers un but, moins pressés, ils donnent moins l'impression d'être animés par l'appétit de conquête. Toutefois, ce ne sont pas des flâneurs, car la flânerie est encore une sorte de loisir bourgeois et suppose qu'on ait toute latitude de prendre son temps. Les marcheurs de ces ornières, qui se faufilent entre les plaques de bitume de la périphérie, qui passent entre les mailles du réseau, ont un pas diligent mais furtif, on dirait qu'ils n'obéissent qu'à leur propre logique, que leur déplacement est une forme de désobéissance.

De même que ces sentiers spontanés ont leur douceur et leur malice, qui réagencent autour de leurs courbes la banlieue en une espèce de forêt hypermoderne, de même les *trous dans la clôture* qu'ils empruntent fréquemment représentent l'une des plus belles figures de ces paysages.

Parfois, des gens se sont contentés de relever un morceau de grillage qui s'est retrouvé progressivement enroulé sur lui-même. Il ne laissait d'abord le passage qu'à des enfants, puis à des ados et enfin il est devenu une vraie béance. D'autres fois, plus rarement, quelques coups de cisailles ont été donnés. D'autres fois encore, c'est le panneau du bas ou du milieu d'une palissade de béton armé qui a été cassé, avec un morceau de poutre servant de bélier, un bloc de pierre ou même à coups de pied. D'après mes observations, les trous dans la clôture ne sont presque jamais réparés. D'abord, parce que le rafistolage ne servirait pas à grand-chose, on aurait tôt fait de se créer une autre ouverture quelques mètres plus loin. Ensuite, parce qu'ils trompent la vigilance des services d'entretien mais aussi de la plupart des habitants. Pour les apercevoir en effet, il faut se placer dans la position du marcheur. Sinon, ils restent indécelables, trop discrets, trop insignifiants, et invisibles depuis les sièges d'une voiture. Du reste, ces trous dans la clôture servent généralement à s'introduire non pas dans des propriétés appartenant à des particuliers, mais dans des jardins publics et des parcs, des stades et des centres de loisir, et parfois à infiltrer des zones interdites, comme les bandes boisées qui longent les voies ferrées et les autoroutes, ou bien les terrains où se trouvent des transformateurs électriques. Ils n'ont pas été forés dans un but d'effraction ni de vol, mais au contraire d'élargissement des possibles.

Dans ces banlieues flottent aussi les fantômes de la classe ouvrière, d'une époque de souffrances et de solidarités dont il ne reste plus que des vestiges muets, arrêtés, échoués dans le sillage des plans de licenciement successifs. Ici, c'est un groupe d'étroites maisonnettes édifiées par un patron paternaliste. Là, c'est une plaque célébrant un héros des luttes sociales du passé – à Ivry, la rue Lénine se jette dans le boulevard Paul-Vaillant-Couturier et la rue Auguste-Blanqui donne sur le boulevard Jules-Guesde. Et puis, il y a l'atmosphère particulière des sites industriels désaffectés ou en cours de démantèlement.

En s'éloignant un peu du périphérique au sud-est de Paris, après Ivry, on tombe sur la centrale thermique de Vitry-sur-Seine, à l'arrêt depuis 2015. Elle compte deux cheminées hautes de 160 mètres, qui ne fument plus, et dont les cylindres blancs sont ornés de rubans de couleur rappelant vaguement un arc-en-ciel. Autour du site, des trembles frissonnent dans le vent et servent de perchoirs aux passereaux. En contrebas, de gigantesques tuyaux se jettent dans la Seine – sans doute servaient-ils à aspirer et refouler l'eau nécessaire au refroidissement de la centrale, je ne sais pas. Un site comme celui-ci, où s'affairaient des centaines d'ouvriers jour et nuit, où les camions arrivaient sur le terre-plein dont les dimensions rappellent le tarmac d'un aéroport pour apporter les tonnes de charbon et de biomasse à brûler, devait résonner constamment d'appels et de cris, du vacarme des machines. Ce qui a conféré son esprit à ce lieu – le dur travail humain – a disparu, laissant une vacance propice à la méditation.

En visionnant une vidéo réalisée par la compagnie Tangible et racontant l'histoire de cette installation industrielle, dont le démantèlement va durer dix ans, je suis tombé sur une séquence où un ancien employé prononce ces mots : « Cette centrale était attachante. » Cela peut paraître d'un sentimentalisme exagéré, pourtant, pour m'être rendu plusieurs fois sur place, je trouve moi aussi que cette centrale arrêtée a quelque chose d'attachant. J'ignore à quoi cela tient. Peut-être aux herbes hautes, aux roseaux, aux buissons anarchiques qui recolonisent ces hectares. Ou au mal qu'on s'est donné pour peindre ces cheminées dans des couleurs joyeuses, typiques de la fin des années soixante. Ou encore au souffle qui vient du fleuve. L'Europe est entrée dans une ère postindustrielle et les centrales, les usines, les manufactures innombrables, souvent installées à l'est des villes du Vieux Continent en raison des vents dominants, si elles ne sont plus en service, témoignent de la grandeur passée. Elles n'incarnent plus le modernisme ni le productivisme, encore moins le culte du progrès, mais sont plutôt comme les aqueducs ou les temples gallo-romains à l'abandon. Et la manière dont la végétation, les oiseaux – à Vitry, surtout des mouettes – reprennent lentement possession des lieux ne laisse pas d'être poignante.

L'une des figures les plus emblématiques de la poésie périurbaine est le *collage d'époques*. On rencontre partout des *cut-up* architecturaux, qui rappellent cette expérience que l'on fait régulièrement en rêve, de marcher dans une artère de Lyon qui s'ouvre subitement sur une baie de l'Atlantique, ou d'arpenter la grand-rue du village où nous avons passé notre jeunesse, de tourner à droite, et de nous retrouver à Bruxelles ou à Berlin. L'activité onirique découpe les lieux qui dorment dans notre mémoire et les brasse comme les paillettes d'un kaléidoscope. Mais nul besoin de rêver pour vivre cette expérience en banlieue.

Ainsi, on trouve dans de nombreuses communes de la Petite ou de la Grande Ceinture parisienne des nymphées, ces fontaines dédiées aux nymphes, un peu kitsch, que les aristocrates faisaient ériger dans leurs jardins au XVIIe siècle. Il y a une nymphée à Chilly-Mazarin, à Viry-Châtillon, à Chatou ou encore dans le parc de Villeflix à Noisy-le-Grand. Le contexte a été tellement modifié aux alentours que ces survivances des goûts de la société de cour semblent avoir été transplantées, se trouver loin de chez elles, comme des œuvres d'art pillées dans quelque pays lointain, et posées là en trophées. Un collage d'époques encore plus improbable se trouve à Nanterre, aux abords de l'échangeur entre les autoroutes A14 et A86, haut-lieu du GR du Grand Paris. Du haut d'un talus, on aperçoit les restes de Nemetodorum, la prospère cité celte qui se trouvait déjà là avant que César ne conquière la Gaule, et, en fond, les tours de la Défense. De tels panoramas donnent la sensation grisante que le passé n'a pas disparu, mais que tous les moments de l'histoire sont encore là, qu'ils ne se sont pas succédé dans le temps, mais qu'ils se sont juxtaposés dans l'espace. Le promeneur a momentanément l'illusion d'être une sorte de Dieu, qui voit la suite des siècles en plan de coupe.

Du reste, le collage d'époques dont les zones périurbaines offrent le spectacle ne résulte pas seulement de ce que les bâtiments ont été construits à des dates différentes. Il convient aussi de l'entendre en un autre sens, plus profond : les bâtiments portent en eux des temporalités diverses, des rythmes internes contrastés. C'est qu'ils ne vieillissent pas tous à la même vitesse. Dans sa somme *L'Obsolescence des ruines* (2022), le philosophe Bruce Bégout distingue trois types de ruines qui n'ont rien à voir entre elles – et tous trois coexistent dans les banlieues. Il y a d'abord les «ruines classiques», celles qui remontent à l'Antiquité, au Moyen Âge ou à l'Ancien Régime, et dont la particularité est d'attester que certains édifices humains sont suffisamment solides pour traverser les siècles. Ne sont susceptibles de devenir des ruines classiques que les bâtiments qui ont la faculté de durer : c'est un paradoxe, puisque ces ruines nous montrent que le passé est toujours présent, qu'il n'est pas voué à l'oubli, qu'il résiste. Les ruines classiques suscitent un sentiment de merveilleux, parce qu'elles nous invitent à imaginer des civilisations révolues, à l'instar des nymphées des environs de Paris ou des pyramides de Gizeh, proches du Caire. Viennent ensuite les «ruines industrielles», qui témoignent de l'époque où l'essor de l'industrie s'accompagnait d'un projet positiviste, de maîtrise, de défi grandiose : les usines, les gares, les viaducs, les entrepôts et les ponts du XIXe siècle avaient quelque chose de prométhéen; à travers ces constructions la bourgeoisie entendait rivaliser avec l'aristocratie de l'Ancien Régime, fabriquer du monumental à la gloire de la rationalité et de la productivité. Elles témoignent ainsi d'un âge transitoire du capitalisme, encore hanté par des rêves d'excellence et de grandeur. Un capitaine d'industrie souhaitait créer un empire durable, le léguer à ses enfants – il se voyait en une sorte de monarque. Au cours des dernières décennies, on a pris conscience de la valeur des ruines industrielles, et souvent ces ateliers et ces entrepôts désaffectés sont devenus des lofts ou des sièges d'entreprise, comme les Magasins généraux de Pantin, au bord du canal de l'Ourcq, aujourd'hui le siège de la première agence de publicité française. Cependant, le capitalisme a muté, ces ambitions de majesté et de permanence ont été abandonnées au profit de l'optimisation économique pure et dure, des budgets resserrés, des matériaux bon marché, du flux tendu. C'est pourquoi nous sommes entrés, explique Bruce Bégout, dans l'âge des «ruines contemporaines» ou «post-ruines», c'est-à-dire des bâtiments qui manifestent déjà les premiers signes de leur obsolescence lors de leur inauguration. C'est le cas des maisons en préfabriqué, dont les murs ont parfois quelques fines lézardes, le toit des débuts d'infiltration, quand leurs premiers habitants s'y installent. Mais aussi des «bâtiments-routes», ces hangars de tôle ondulée qui se multiplient dans les zones industrielles ou commerciales, et qui abritent des magasins discount, des centres de contrôle technique automobile, des entrepôts Amazon ou des plateformes logistiques. Ces ruines instantanées, bâtiments neufs et néanmoins déjà frappés de caducité, représentent le stade le plus avancé du capitalisme : l'architecture, qui était autrefois un art du pérenne, devient éphémère, elle s'est convertie au présentisme, et de tels bâtiments ne laisseront pas derrière eux des ruines, prévient Bruce Bégout, mais plutôt des gravats. Ainsi, arpenter les alentours d'une ville, c'est assister à ce dialogue entre ruines classiques, ruines industrielles et ruines contemporaines – c'est appréhender une étrange combinaison des multiples modalités de l'obsolescence, de la plus lente à la plus fulgurante.

Je pourrais citer encore d'autres figures de l'esthétique périphérique, pêle-mêle. Les *dessous de pont ou de viaducs*, inconstructibles, sont indéniablement des endroits stratégiques, où les nomades installent leurs campements, où les buveurs viennent descendre des packs de bière à l'abri de la pluie – on y trouve des canettes écrasées et des tessons de bouteille, des mégots et des pneus crevés, et souvent les piles des ponts portent des fresques en graffitis. Mais il y a aussi les *vieilles enseignes* – par exemple pour la bière Jupiler – et les *murs réclames* décolorés par le passage du temps. Enfin, il n'est pas rare de croiser des *établissements mystérieux* – des hôtels égarés dans des coins où il n'y a plus ni touristes, ni routiers, ni travailleurs saisonniers, et qui restent ouverts pour on ne sait qui; ou encore des bars aux horaires fantasques, irréguliers, que ne saisit qu'une poignée d'habitués.

Cet éloge des paysages périurbains n'est pas, j'en ai conscience, au-dessus de tout soupçon, il comporte un risque de malentendu. Dans une perspective marxiste en effet, on ne peut que déplorer que ce soient les rejetons de la classe dominante qui trouvent quelque poésie à la banlieue, de même que ce sont les habitants du centre-ville, bien plus que les riverains, qui investissent les sentiers de randonnée périphériques. N'y a-t-il pas quelque obscénité à transformer des zones de relégation sociale, où habitent des travailleurs pauvres et des migrants primo-arrivants, en objets d'admiration esthétique? N'est-ce pas un luxe que s'offrent les écrivains et les artistes, que de percevoir du beau là où il y a surtout de la misère? Je ne pense pas qu'on puisse balayer du revers de la main un tel reproche, et néanmoins, il me semble que l'argument est réversible – c'est-à-dire qu'il y a une sorte de devoir de réévaluer, dans tous les sens du terme, et notamment pour leurs qualités esthétiques, les ghettos, les franges du système, et d'affirmer que la contemplation et l'éblouissement sont possibles ailleurs que dans des lieux confortables ou dans la proximité rassurante du pouvoir. Et puis, ce sont surtout les poètes, les intellos précaires, les déclassés, ceux qui ont du mal à s'accommoder du dispositif d'oppression en vigueur, qui vont essayer de trouver des motifs d'émerveillement là où les autres ne voient que la brutalité du bétonnage, et il entre dans cette démarche une part de désintéressement et même de solidarité.

L'éternité toc de l'agriculture intensive

J'ai remarqué plus haut, et c'est la thèse centrale de ce chapitre, que la civilisation industrielle tend à projeter la finitude humaine sur le monde extérieur. Chaque fois qu'une construction, un hangar, une antenne-relais, ou même simplement un bidon d'essence est posé dans un paysage naturel, celui-ci perd son autonomie, il est annexé à l'histoire des humains, voué comme elle à la destruction, gagné par le vieillissement et la mort. Et pourtant, il convient de faire un sort à part à l'agriculture industrielle, qui échappe à cette malédiction, ou plutôt, qui a son régime de temporalité spécifique, basé sur un faux-semblant. Pour le résumer d'une formule, je dirais que la plaine cultivée en intensif bascule dans un état d'éternité toc.

Voyez cet immense champ de maïs qui s'étale dans la plaine, avec ces structures montées sur roulettes qui facilitent l'irrigation. À chaque printemps, les plants dressent leurs têtes hors des sillons, d'abord timidement, puis ils s'élèvent et produisent des feuilles vertes caoutchouteuses, cachant les précieux épis. Le phénomène se reproduit, à l'identique, une année après l'autre, et le maïs revient en septembre avec la même constance que les conserves de légumes ou les paquets de pâtes sur les rayonnages des supermarchés le lundi matin, quelle que soit l'intensité du pillage du week-end. Partout où il y a de l'agriculture intensive, la campagne offre une impression de prospérité en même temps que de régularité programmée des rythmes du vivant. Là où la nature laissée à elle-même ne connaît jamais le règne de l'uniformité ni la répétition, où elle se présente comme une abondance foisonnante et aléatoire, la maîtrise des techniques de sélection des graines, de fertilisation des sols, de désherbage, de lutte contre les parasites suggère qu'elle peut être pliée à un ordre conventionnel, à une cadence qui n'a rien à envier à celle du travail à la chaîne dans les usines.

Sans que nous en ayons toujours conscience, cette mise au pas du végétal, évidente dans les grandes plaines agricoles, a son équivalent dans les forêts, du moins dans celles qui sont exploitées. Je m'en suis rendu compte en lisant l'étonnant livre d'Anna Lowenhaupt Tsing, *Le Champignon de la fin du monde* (2015), qui tourne autour du *matsutaké*, un champignon considéré comme l'un des mets les plus rares et les plus prisés dans la tradition culinaire japonaise, et qui ne se laisse pas cultiver en cave mais pousse dans des forêts abîmées, intoxiquées, le plus souvent dans d'anciennes exploitations forestières à l'abandon. Anna Tsing montre dans cette somme ethnologique comment, autour de ces forêts, gravitent des travailleurs pauvres, essentiellement des sans-papiers logés dans des abris de fortune, qui effectuent la cueillette, tandis qu'un réseau de transporteurs et de négociants achemine la précieuse denrée vers les tables gastronomiques de l'archipel. Si la misère sociale et l'asservissement autour du *matsutaké* prennent des proportions effrayantes, c'est aussi là, aux yeux de l'autrice, une histoire de résilience, puisque cela montre qu'une richesse peut naître au cœur des vestiges des plantations de pins rouges polluées de l'Oregon ou de Scandinavie, et donc que la vie est possible «sur les ruines du capitalisme».

Dans l'un des derniers chapitres de son ouvrage, Anna Tsing raconte un voyage en Finlande. Ayant pris le train à Helsinski pour remonter vers le nord, au-dessus du cercle arctique, elle s'attendait à découvrir des territoires de conte avec, quelque part, la maison du Père Noël. Ce n'est pourtant pas ce qui l'attendait : «J'étais surprise. J'avais imaginé des forêts naturelles qui déborderaient d'un joyeux mélange de pins de tailles, d'espèces et d'âges différents. Ici, tous les arbres étaient juste identiques : une espèce, un âge, le tout bien rangé et régulièrement espacé. Même le sol était propre et déblayé, sans un accroc ou un morceau de bois tombé.» Et plus loin : «La sylviculture moderne gère les pins comme une ressource potentiellement constante et invariable.»

Cette tendance a été amplement documentée par un spécialiste américain des forêts, Chris Maser, auteur d'un traité qui a remporté un certain succès en son temps, *La Forêt remaniée* (*The Redesigned Forest*, 1988, non traduit). Il s'agit d'un livre hétéroclite, mélangeant des exposés assez pointus de botanique ou d'écologie scientifique et des conseils de développement personnel, des digressions sur le bouddhisme et des recommandations à l'attention des responsables des Eaux et Forêts, avec quelques séquences d'autoglorification où Chris Maser étale ses nombreux succès comme consultant international auprès d'organismes forestiers publics ou privés. Malgré ce côté fourre-tout, c'est un bon livre, unique en son genre, car il explique en détail la manière dont les forêts sont progressivement transformées, dans les pays développés, pour atteindre des objectifs de rentabilité, selon une logique assez proche de celle de l'agriculture intensive, sans que le promeneur non averti puisse toujours s'en douter.

Chris Maser présente avec beaucoup de clarté les différences entre la *forêt naturelle* et la *forêt industrielle.* L'évolution dans le temps d'une forêt naturelle est imprévisible ; elle peut être frappée par des incendies, des sécheresses, en partie décimée par un ouragan, ou modifiée par l'irruption d'un parasite. Il s'agit d'un système dynamique, quand nous tendons à faire de nos exploitations forestières des systèmes régulés.

L'échelle de temps pertinente pour rendre compte de l'histoire d'une forêt naturelle est le très long terme. Or nous cherchons au contraire des bénéfices à court terme, ce qui conduit à diminuer grandement la diversité des essences d'arbres cultivées. Dans les zones tempérées de la planète – par exemple en Europe ou en Amérique du Nord –, les arbres qui auraient tendance à pousser en plus grand nombre, sans intervention humaine, sont les chênes et les hêtres. La proportion des feuillus devrait s'établir autour de 70 %, pour environ 30 % de conifères. Ces pourcentages s'inversent néanmoins dans les forêts industrielles, car les conifères, les pins notamment, produisent plus de fibres de bois en un temps plus court. Les espèces les plus performantes – le Douglas, par exemple, originaire d'Amérique du Nord – ont été exportées sur l'ensemble des continents et implantées à la place des feuillus. Cette prédominance des conifères a des effets en cascade sur la biodiversité. Leurs épines forment une voûte presque opaque qui laisse peu passer la lumière, de plus ils changent la composition des sols ; les fleurs des sous-bois, les buissons, les autres arbres ont du mal à pousser. Une partie de la faune herbivore s'éloigne et se raréfie. Si la forêt de conifères produit davantage de bois de charpente, considérée en sa totalité elle tend à s'appauvrir et génère moins de biomasse. Par ailleurs, la fibre du bois des conifères a d'excellentes qualités pour l'ameublement ou le bâtiment, mais pas pour le chauffage – pour lequel le chêne et le hêtre sont irremplaçables. Indifférente aux bilans comptables annuels et aux chiffres inscrits dans les tableaux Excel des planificateurs, la forêt naturelle ne produit de richesses qu'à moyen et long terme : un billot de chêne a mis des décennies, parfois un siècle et demi à se constituer – sa destruction par le feu livrera toute l'énergie qu'il recèle, et c'est un déferlement de calories, une fête énergétique. La résine contenue dans les pins encrassera au contraire les conduits des poêles et des cheminées, tandis qu'ils se consumeront à la vitesse des cagettes de fruits et légumes dont se servent les maraîchers.

De plus, dans la forêt naturelle, tous les processus sont interdépendants, de l'activité des insectes dans leurs galeries souterraines jusqu'à celle des animaux – chevreuils dont les dents sectionnent et arrachent une partie des buissons, chouettes qui nichent dans les arbres et chassent les rongeurs. Dans des pages étonnantes, Chris Maser montre comment une espèce d'écureuil volant présente dans les forêts de l'Oregon et du Canada joue un rôle majeur dans le développement des champignons et des lichens. En effet, cet écureuil ingère des champignons hypogés, il les digère mais ses boulettes de matière fécale contiennent des spores, ainsi qu'une bactérie qui facilite la fixation de l'hydrogène et des levures – ses excréments contribuent donc à renforcer le rhizome de la forêt et à propager de nouvelles colonies de champignons. Après avoir longuement détaillé ces mécanismes, Maser conclut non sans humour : « Si tout cela semble incroyablement compliqué, c'est que c'est incroyablement compliqué. »

La forêt naturelle est un réseau d'interdépendances ultra-sophistiqué et nous n'avons qu'une connaissance partielle des interactions biochimiques qui s'y superposent. Souvent, nos interventions déstabilisent le système sans même que nous puissions le comprendre ou l'anticiper.

En somme, la forêt naturelle est comparable à un jeu de Mikado. Vous en ôtez un élément, et vous risquez de faire dégringoler l'ensemble. Par comparaison, la forêt industrielle est entièrement basée sur un effort de sélection et de séparation des processus, donc sur une simplification outrancière. Nous essayons de maîtriser l'écosystème en réduisant sa complexité et en actionnant quelques relations de cause à effet dûment répertoriées. Et c'est ainsi qu'on met en place, au lieu d'une trame mouvante d'espèces animales et végétales, une monoculture rigide, productive dans un premier temps, mais très vulnérable aux parasites et aux aléas climatiques.

Car ces opérations de rationalisation négligent ce qu'on pourrait appeler, en paraphrasant Karl Marx, la *baisse tendancielle de la fertilité* ou encore la *baisse tendancielle du taux de rendement agricole.*

Dans *Le Capital* (1867), Marx soutient en effet que le capitalisme est constamment menacé par un déséquilibre interne : le capitaliste réalise une plus-value qu'il réinvestit davantage dans le capital que dans le travail; c'est pourquoi le capital tend à s'accumuler démesurément au détriment de la production de richesses réelles, et l'économie en son ensemble se voit rattrapée par la *baisse tendancielle du taux de profit.* On assiste à un phénomène similaire dans le champ de céréales cultivé en intensif ou dans la forêt industrielle.

Partout où il y a monoculture, les sols s'épuisent. Sur un territoire couvert de végétation où l'humain n'intervient pas, les arbres renversés, les feuilles tombées, les herbes ne sont nullement enlevés. Ils forment une épaisse couche de matières organiques en décomposition, havre de vie pour les insectes. Ainsi la terre est-elle constamment nourrie, enrichie, en même temps qu'elle est protégée du ravinement. Au contraire, là où se pratique la culture intensive, le sol est toujours déblayé, propre – on retrouve le même hygiénisme qui règne dans les bureaux et les supermarchés. Par conséquent, la terre a besoin de constants apports externes, c'est-à-dire d'engrais. Dès lors, on entre dans une spirale qui ressemble à l'addiction à une drogue : il est nécessaire d'augmenter graduellement les doses pour obtenir les mêmes effets. Les intrants chimiques déposés dans la terre en quantités croissantes, notamment les nitrates, empoisonnent les nappes phréatiques et ont un effet délétère sur la qualité de l'eau, donc sur l'ensemble des vivants. La productivité du champ de maïs ou de la forêt de Douglas n'est en fin de compte qu'apparente. Elle masque une détérioration sous-jacente, un délabrement structurel. Lorsque nous nous trouvons à la campagne, dans un cadre bucolique à première vue agréable, nous avons tendance à nous estimer à l'abri des atteintes de la civilisation industrielle. Erreur, si nous ne les identifions pas, elles exercent leur pouvoir corrosif par en dessous.

“la chaleur pénètre au cœur de la montagne

« Je suis originaire de Chamonix, je vis un peu plus bas dans la vallée. Ici, nous nous sommes habitués à la fonte des glaciers alpins, au spectacle des moraines qui s'allongent d'année en année.

Il existe une petite buvette, Les Mottets, à proximité de la mer de Glace. Autrefois, en glissant bien depuis le glacier, on pouvait se laisser porter jusqu'à la buvette. Aujourd'hui, il faut compter quinze à vingt minutes de marche pour l'atteindre. Et la distance ne cesse de s'accroître.

Mais ce qui est plus perturbant, du moins lorsqu'on pratique l'alpinisme, c'est la fonte du permafrost – en français, on appelle "pergélisol" ce sol toujours gelé, qui forme une espèce de ciment et fait tenir entre elles les roches. C'est le pergélisol qui soude ensemble les feuillets ou les épées de granit. Lorsqu'il fond, l'eau s'immisce entre les couches de rocher. L'hiver, elle gèle, ce qui a un effet expansif et ouvre des fractures. L'été, elle s'écoule, et la structure en est fragilisée. Cela explique que bien des voies et des secteurs deviennent dangereux. Les montagnes exigent désormais un constant monitoring ; on introduit des capteurs dans les fissures, afin de mesurer les écarts et leur progression. Les grimpeurs s'adaptent en modifiant leurs saisons. Certaines voies que nos anciens parcouraient en été ne sont plus fréquentées qu'en hiver – comme c'est le cas de la face nord des Droites, qui fait un kilomètre de haut, très technique. L'été, il n'y a plus dans ces lieux que les cristalliers, pour qui la fonte du pergélisol représente une opportunité, puisqu'ils peuvent trouver dans les anfractuosités de la roche de belles pièces. Dans notre jargon un peu cru, on dit alors qu'ils "engagent la viande".

Il existe un livre de référence sur la montagne, publié en 1973 par Gaston Rébuffat et intitulé *Les Cent Plus Belles Courses*, qui décrit les plus belles voies autour du massif du Mont-Blanc. Un chercheur de l'université de Savoie, Jacques Mouret, s'en est servi de point de départ pour sa thèse de géographie : il a montré que vingt-six de ces voies sont devenues impraticables ; trois ont totalement disparu parce qu'elles se sont écroulées ; quatre-vingt-treize sont affectées par le réchauffement climatique. Ici, c'est un sérac qui a grossi. Là, c'est une rimaye qui ne passe plus. Un tel gâchis s'est joué en quarante ans, sur une courte échelle de temps.

Un lieu emblématique des Alpes s'est également effondré : le pilier Bonatti, soit la face ouest des Drus, est tombé en 2005, emportant 292 000 m^3 de roches. C'est tout un symbole, car ce pilier, visible depuis la vallée, avait vraiment la forme d'une tour de cathédrale et symbolisait presque à lui seul la robustesse et la majesté de la montagne. Une grande classique, l'arête des Cosmiques située près de l'aiguille du Midi, a subi un éboulement partiel. Un pilastre s'est affaissé, heureusement de nuit – il n'y a pas eu de victimes, mais cela a mis un coup d'arrêt à la saison. Je cite là des parois célèbres, cependant bien d'autres endroits, plus inaccessibles, subissent les mêmes avanies à l'insu de tous. Par ailleurs, l'imprévisibilité de ces phénomènes est renforcée par un certain déphasage. Durant la canicule de juillet, le soleil tape dur sur la roche. Mais ce n'est pas là que la catastrophe se produit ; il faut souvent attendre la fin de l'automne pour que la chaleur pénètre au cœur de la montagne et que celle-ci cède.

J'ai perdu pas mal d'amis au fil des années à cause des avalanches. Lorsqu'on a vingt ans, on pense être capable de les détecter. Et plus on vieillit, plus on se rend compte qu'on ne les connaît pas. La neige est un drôle de matériau, qui supporte de fortes charges, puis craque d'un coup. Ce n'est pas comme les œufs. Vous marchez sur un œuf, vous le brisez. Sur un balcon de neige, cinq personnes peuvent passer, il dégringolera à la sixième. Mon impression, empirique, qui n'est pas vérifiée mais que je vous livre en l'état, est que la neige ne tombe plus de la même façon. C'est le vent d'ouest, venu de l'Atlantique, qui amène les précipitations sur les Alpes. Aujourd'hui, il faut composer avec une accentuation des phénomènes extrêmes ; lorsqu'il neige, il y a de violents coups de vent. Quand j'étais enfant, j'avais l'impression que la neige dégringolait calmement, à la verticale, des heures durant. Désormais, elle est fouettée en tous sens et arrive sur le sol à l'oblique. Cela crée des dépressions, des plaques, et le risque d'avalanche s'en trouve accru... C'est étrange, la neige ne tombe plus tout à fait droit. »

– Bertrand Delapierre, réalisateur et alpiniste.

“au cœur de la forêt, je ne me sens ni un intrus, ni un envahisseur

« Je suis allé pour la première fois dans la forêt de Białowieża quand j'étais adolescent. Elle est située à trois heures de train de Varsovie et je m'y étais rendu avec des amis du lycée. Je n'ai jamais cessé d'y retourner depuis et j'y passe au moins quelques jours chaque mois.

S'étendant sur une plaine, Białowieża est un vestige de l'immense forêt hercynienne qui couvrait l'Europe centrale dans l'Antiquité, c'est l'une des dernières forêts primaires du Vieux Continent, la plus grande. Si votre œil est habitué aux plantations forestières récentes, avec leurs arbres alignés, de la même espèce et mesurant la même taille, elle offre une autre expérience. Elle est dense. Le sol est encombré de branchages tombés, de troncs renversés, d'arbres pourrissants. J'aime m'y promener en dehors des sentiers tracés. Elle est si vaste qu'il n'y a pas de sens à viser un but. Il m'arrive d'y passer deux heures pour ne parcourir que 700 mètres, car j'avance par cercles concentriques, grimpant ici et là sur des troncs, m'arrêtant si je trouve matière à contemplation.

L'animal emblématique de Białowieża est le bison, c'est le dernier lieu d'Europe où il est possible d'en rencontrer en liberté. Les bisons ne craignent pas les humains et se laissent observer. Au début du printemps, les feuillages retentissent de chants d'oiseaux, car c'est la saison des amours, on entend spécialement les piverts, qui aménagent leurs nichées dans les arbres vieillissants à la fibre attendrie. Il y a des loups, mais ils ne sont pas dangereux, quand j'en ai croisé ils se sont dispersés devant moi. Jusque dans les années 1950, des ours habitaient la zone frontalière avec la Biélorussie. De temps à autre, la rumeur court qu'un ours a été aperçu, sans certitude.

La forêt elle-même n'a cessé d'évoluer depuis que j'y vais. Lorsque je suis venu pour la première fois, il y avait là en majorité mon espèce d'arbre favorite, le frêne. Ces arbres ont subi une attaque d'un champignon parasite. 70 % des frênes sont morts, ceux qui restent ne sont pas en bonne santé. Plus récemment, les épicéas de Białowieża ont été victimes d'un petit coléoptère, le bostryche typographe, qui les a décimés. Dans les deux cas, le changement climatique a joué le rôle de facteur aggravant. En valeur absolue sur l'année, les précipitations n'ont pas tellement bougé, par contre leur répartition n'est plus la même. Il y a des périodes d'humidité excessive, d'autres de sécheresse. Les épicéas, aux racines peu profondes, sont sensibles aux variations de l'humidité du sol, ils souffrent davantage des périodes sèches qui les affaiblissent. Les bostryches typographes vivent depuis longtemps dans la forêt, on estime qu'ils sévissent par cycles tous les vingt ou trente ans, il ne s'agit donc pas d'une invasion extérieure, mais de vagues, d'une régulation du milieu ; cependant, le phénomène a pris une ampleur menaçante à cause des perturbations du climat.

En Pologne, 80 % des domaines forestiers sont considérés comme des biens publics, gérés par une administration spéciale, l'Autorité des forêts. Comme la filière du bois joue un rôle essentiel dans l'économie du pays, qui est un fabricant et un exportateur de meubles, cette Autorité représente un acteur majeur, un lobby bien ancré institutionnellement et doté d'une véritable force de frappe financière. Dans le cas de la forêt de Białowieża, 17 % de sa partie polonaise a le statut de parc national et bénéficie d'une assez bonne protection, tandis que les 83 % restants appartiennent à l'Autorité des forêts. Et c'est de là que viennent nos soucis. Considérant le milieu naturel comme un outil de production, cette autorité organise de larges coupes. Techniquement, il ne s'agit pas de déforestation, car l'enjeu n'est pas, comme dans d'autres parties du monde, de gagner des hectares pour l'agriculture ; les arbres abattus sont replantés. Cependant, l'Autorité tendrait à transformer, si on la laissait faire, la forêt primaire en une exploitation forestière moderne, ce qui n'a plus grand-chose à voir.

Le pays s'est déchiré autour de ces enjeux. Nous avons un mot populaire en polonais pour dire forêt, *puszcza*, et pour nous tous, *puszcza* est synonyme de Białowieża. Les sondages montrent que 80 % des Polonais souhaitent que la forêt entière devienne un parc national. Cependant, la filière du bois emploie 300 000 salariés et les exportations annuelles de meubles représentent 40 millions de mètres cube. Ce chiffre est en croissance, selon le souhait du parti populiste au pouvoir. Je ne suis pas pour l'arrêt de ce secteur économique. Mais ne conviendrait-il pas de fixer un seuil maximal d'exploitation ? Et pourquoi s'en prendre à Białowieża, alors que la Pologne compte bien d'autres sites propices à la production de bois ?

Je me suis engagé pour la forêt, j'appartiens à un mouvement activiste né en 2017, qui installe des campements afin de protéger les arbres des abattages. Nous conduisons cette lutte sur le terrain, tandis que des ONG internationales ont mené une bataille plus juridique en portant l'affaire devant la Cour de justice de l'Union européenne.

Durant les protestations, j'ai découvert une autre relation à la forêt. D'habitude, l'action politique a son théâtre dans l'espace publique, au cœur de la ville. Nous sommes habitués au spectacle des manifestations, des masses qui prennent possession d'une place. Mais j'ai des souvenirs étonnants, surréalistes : lors des premiers blocages des engins forestiers, je me suis retrouvé avec des centaines de camarades à arpenter d'étroits sentiers nous obligeant à progresser à la queue leu leu, avec nos banderoles et nos porte-voix devenus inutiles. Nous courions pour échapper aux coups de filet de la police, escaladions des troncs, allions d'un site d'abattage à l'autre. De temps à autre, je m'arrêtais, essoufflé, regardais autour de moi, et je me disais : "Tiens, je suis vraiment dans un coin magnifique !", et pourtant il fallait poursuivre la logique de la protestation. J'en ai tiré la conviction que notre rapport aux paysages naturels comprend, désormais, plusieurs couches. Il y a la couche esthétique, mais une autre couche, plus politique, s'y est ajoutée.

Et puis, il me semble que nous devons lutter sur deux fronts simultanément, combattre deux idées fausses. L'Autorité des forêts a commandité des études archéologiques afin de mettre en évidence des preuves d'une occupation humaine de Białowieża remontant à plusieurs siècles. C'est un argument qu'ils font valoir pour contester qu'il s'agit d'une forêt primaire et minimiser l'impact symbolique de l'exploitation. En face, certains militants écologistes nourrissent le rêve d'ériger une clôture autour de la forêt afin d'en interdire l'accès. Ce sont deux erreurs en miroir. Quand je me trouve au cœur de la forêt, je ne me sens ni un intrus, ni un envahisseur. En tant qu'humain, j'y ai ma place, j'éprouve une communion. La forêt a une valeur relationnelle et nous n'avons pas à choisir entre sa destruction ou sa transformation en sanctuaire. C'est sur la relation que nous entretenons avec elle qu'il nous faut aujourd'hui méditer et travailler. »

– Jakub Rok, chercheur et activiste polonais.

2

Les deuils de lieux

Ces paysages qui font partie de nous

Désormais, nous sommes tous des orphelins de lieux.

Certains des endroits où nous avons grandi, qui furent nos terrains de jeu et de découverte, sur lesquels nous avons écorché la peau de nos genoux, sont devenus méconnaissables, quand ils n'ont pas carrément disparu. Les deuils géographiques sont moins traumatiques que le décès des êtres chers, néanmoins ils marquent d'une encoche notre mémoire et notre personnalité, ils nous accompagnent durablement.

Dans le village de La Villedieu-du-Clain où j'ai passé une partie de mon enfance, le pré qui se tenait face au portail blanc de notre maison, au coin de la rue de l'Église et de la route de Nieuil, a laissé place à un lot de maisons neuves. Je n'ai jamais pu m'y faire, mon cerveau a refusé d'enregistrer ce sacrilège. Chaque fois que je suis revenu là-bas ensuite, que j'ai ouvert le battant du portail de la maison familiale, j'ai éprouvé le même choc : « Mais où sont passés les moutons ? » Chaque fois il m'a fallu revenir au présent, reconstituer l'enchaînement, comprendre que ces moutons, dont les masses pâles se dodelinaient dans la brume au crépuscule et qui, craintifs, fuyaient dès qu'ils nous apercevaient, leurs sabots traçant de profondes sentes dans l'herbe du pré, je ne les reverrais jamais plus. Pas plus que le poirier contorsionné sous lequel un vieillard, le père Penot je crois, déroulait une natte et passait ses après-midi allongé, un transistor à piles en plastique orange vissé à l'oreille, écoutant les informations avec un regard fou. Les membres maigres, il portait toujours la même vareuse d'une couleur douteuse et sa position devait être bien inconfortable, car il avait sous lui des fruits tombés qui gondolaient sa natte. Mais il n'est plus là, le poirier non plus, et mon regard se heurte désormais à des murs crépis rose champagne.

Au début des années 2000, j'ai habité le Mâconnais, dans le village d'Azé. Régulièrement, j'enfourchais mon vélo de route et prenais la direction de La Roche-Vineuse, traversant divers lieux-dits et municipalités, Le Martoret, Igé, Verzé… Cet itinéraire offrait de larges perspectives sur les vignes et les collines, c'était comme un décollage vers la liberté, un prélude aux ambiances plus sauvages qui m'attendaient au-delà, vers le col du Loup, vers Tramayes. En 2004, les villages situés entre Azé et La Roche-Vineuse ont été intégrés à la communauté d'agglomération du Mâconnais, et cette entité administrative est devenue, pour ces collines, une puissance démiurgique : les arrêts de bus et les poubelles de tri sélectif se sont multipliés, les mairies ont ravalé leurs façades et des lotissements ont poussé partout, si bien que la vallée entière ressemble à un dortoir, satellite de la ville de Mâcon. Quand je m'y rends en voiture aujourd'hui, je suis surpris par ces innombrables clôtures, ces entrepôts de négociants, ces garages, ces esplanades flanquées de bacs de fleurs, ces aires de sport et de jeux pour enfants qui bordent la départementale – et surtout, par le fait qu'il est devenu impossible de s'y sentir en contact avec les éléments, avec le vent, avec les forces telluriques des vignobles dénudés, avec le ciel froid de l'hiver.

Quand j'ai parlé de ces deuils géographiques avec le peintre et dessinateur Jean-Marc Rochette, lors d'une conversation en marge de l'écriture de cet essai, il a cherché un instant en lui-même et m'a dit : « Moi, j'ai perdu un fleuve. » Comme j'écarquillais les yeux, il s'est expliqué. Né en 1953, il a grandi à Condrieu, au bord du Rhône. Ce fleuve était craint et respecté, il avait des tourbillons et des courants terribles, des crues indomptables, dévastatrices. « Mais ils ont installé des écluses et ils ont réussi à le mater, à le castrer. Maintenant, ce n'est plus qu'un cours d'eau inoffensif, servile. Et sale… »

Comment est-il possible de perdre un fleuve ? Cela paraît presque fantastique, et pourtant cette conversation m'a rappelé une très belle page du pionnier de l'écologie John Baird Callicott, dans son essai *Éthique de la terre* (2010) :

> « Je me tenais sur les rives du Mississippi, où j'avais vagabondé dans mon enfance. Tandis que je regardais ces eaux brunâtres saturées de boue absorbant les déjections industrielles et municipales de Memphis, et que je suivais des yeux l'une de ces taches d'écume d'un beige incertain (…), je me mis à éprouver une douleur physique tangible. Je ne pouvais la localiser précisément dans l'une de mes extrémités, ce n'était pas non plus une migraine et une nausée. Mais elle était bien réelle. Je n'avais pas formé le projet de nager dans le fleuve ou de boire son eau ; je n'avais pas non plus l'intention d'acquérir du terrain

sur ses berges. Mes petits intérêts personnels n'étaient pas en cause, et pourtant, quelque part, j'étais personnellement blessé. Je compris alors, dans un éclair de lucidité, que le fleuve faisait partie de moi. »

De telles lignes auraient de quoi vous donner la boule au ventre. Et encore, une telle perte n'est pas si dramatique ! Pour certains, qui ont vu une centrale nucléaire ou une autoroute s'installer au cœur du pays de leur enfance, le deuil est bien plus brutal encore.

Quoi qu'il en soit, si l'on avance en âge dans le monde actuel, on se trouve immanquablement confronté à ce type d'expériences. Et les deuils de lieux sont d'autant plus amers qu'il n'existe aucun rituel qui les prenne en charge et les atténue, pas de cérémonie d'enterrement, pas de discours prononcés d'une voix étranglée, pas de gerbes de fleurs déposées à la Toussaint, pas d'occasion d'évoquer le disparu avec celles et ceux qui l'ont bien connu et de raviver pour quelques heures consolatrices son existence – il y a juste un manque qu'on se coltine seul et sur lequel on sait à peine mettre des mots.

C'est un trouble de ce genre que nous fait partager Platon, dans un passage du *Critias* souvent cité car il témoigne d'un souci écologique, alors que notre concept de nature n'existait pas dans l'Antiquité, celui d'écosystème encore moins, et que l'humanité se trouvait en état de minorité sur une planète dont nul ne soupçonnait la vulnérabilité.

Mais voilà l'espèce de cri du cœur que pousse Platon, au IVe siècle avant Jésus-Christ :

> « Aussi, comme il arrive dans les longues maladies, notre pays, auprès de ce qu'il était autrefois, est devenu semblable à un corps malade tout décharné ; et la terre, se fondant de toutes parts, de grasse et de puissante qu'elle était, ne présente plus qu'un squelette aride. Avant que le territoire fût ainsi dégénéré, nos montagnes d'aujourd'hui n'étaient que des collines élevées : les plaines que nous appelons les champs de Phellée avaient une terre grasse et fertile ; et les monts étaient couronnés de forêts dont on peut reconnaître des traces manifestes. Le temps n'est pas encore bien éloigné que, sur ces montagnes qui ne servent aujourd'hui qu'à nourrir des abeilles, on trouvait des arbres de haute futaie très propres à être employés dans de grandes constructions dont il subsiste plus d'un débris. Il y avait d'ailleurs beaucoup de grands arbres à fruits ; les troupeaux avaient de vastes pâturages. »

Platon se lamente ici de la déforestation qu'ont subi les monts de l'Attique, l'arrière-pays d'Athènes. Puissance navale comptant de nombreuses rivales, cité en constante expansion, Athènes entretenait une flotte de navires considérable et commença à avoir besoin d'importer du sapin, du pin et du cèdre pour ses chantiers navals et pour les charpentes de ses bâtiments dès le ve siècle avant notre ère, ayant épuisé les ressources disponibles aux alentours. La description de Platon est frappante par sa précision, car l'abattage d'une forêt entraîne immanquablement une érosion rapide du sol par les intempéries. Les terres meubles s'écoulent et il ne reste plus que le karst, des roches calcaires abruptes et ingrates. Ce paragraphe du *Critias* est peut-être la toute première évocation de la douleur que ressent un être humain lorsqu'un lieu qu'il connaît bien, et auquel il s'estime lié, a été dévasté par l'action de la civilisation.

Bien plus proche de nous, un philosophe australien contemporain, Glenn Albrecht, a proposé un néologisme pour nommer ce genre d'émotions.

Son propre parcours n'est pas dénué d'intérêt. Glenn Albrecht est originaire de Manning, dans la banlieue ouvrière de Perth, à l'ouest de l'Australie ; il a passé sa jeunesse dans le bush. Pendant ses études, au moment de son doctorat en philosophie, il a déménagé pour se rendre à 4 000 kilomètres de là, à Newcastle, ville dont l'université lui avait offert un poste de chercheur. Pour s'acclimater à sa nouvelle région, il s'est mis à lire toute sorte de livres sur son histoire et sa géographie, et a été ébloui par un ouvrage d'un couple d'ornithologues, John et Elisabeth Gould, qui évoquaient avec beaucoup de ferveur un voyage qu'ils avaient fait dans l'Upper Hunter Valley, qu'ils décrivaient comme « la Toscane de la Nouvelle-Galles du Sud ». Gagné par leur enthousiasme, Glenn Albrecht s'est rendu à son tour avec sa femme dans l'Upper Hunter Valley : ils y ont trouvé des mines à ciel ouvert, où s'activaient certaines des plus grosses machines de forage et d'extraction qui existent au monde. L'écart entre les descriptions enchanteresses du couple Gould et la réalité qu'ils avaient sous leurs yeux les a plongés dans un état de mal-être profond.

Le soir même, en dînant avec sa femme Jill, Glenn a tenté de mieux cerner ce mal-être. Comment l'appeler ? Il existait déjà, dans la littérature médicale, la notion de « stress environnemental » – mais après leur excursion ils n'étaient pas stressés, seulement affligés. Glenn a essayé « localgie » (*place-ache* en anglais, formé sur le modèle de *headache*, « mal de tête »), mais ils sont convenus que ça sonnait mal. Et puis, il s'est souvenu de *solace* – « réconfort », en anglais. *Solace* vient de la racine latine *solacium*, « soulagement », qu'on retrouve à la fois dans des termes négatifs et positifs, comme « désolation » ou « consolation ». Glenn a ensuite fait le lien avec la genèse d'un autre néologisme, « nostalgie » : il fut créé au XVIIe siècle par un médecin alsacien qui constatait, chez les gardes suisses à Versailles, un lancinant mal du pays. *Nostos* est « le retour », en grec, et *algos* « la douleur ». La nostalgie est donc la souffrance que nous éprouvons lorsque nous nous trouvons en exil, que nous voudrions retourner dans le lieu où nous nous sentons vraiment chez nous. Toutefois, quand cet endroit a subi un dommage écologique, qu'il a été défiguré, nous n'en sommes pas forcément éloignés, nous ne l'avons peut-être même pas quitté – et néanmoins, nous ne pouvons plus y revenir. Les ravages écologiques ne procurent donc pas exactement de la nostalgie, puisqu'il s'agit d'un exil immobile. À la fin de la conversation, Glenn et sa femme tenaient enfin le mot adéquat : « solastalgie ».

Glenn Albrecht a présenté cette invention lexicale dans un article académique au ton assez libre et personnel, publié en 2005 dans la revue *Philosophy, Activism, Nature* (PAN). Il en donne la définition suivante : « Littéralement, la solastalgie est la peine ou la nausée causées par l'absence de réconfort et le sentiment d'isolement que nous inspire l'état présent de notre chez-soi et de notre territoire. » Ce sentiment peut prendre des formes aiguës, par exemple si nous voyons des bûcherons abattre sous nos yeux les arbres sur lesquels nous n'avons cessé de grimper quand nous étions petits ou des ouvriers de la voirie recouvrir de goudron un chemin de terre où nous nous promenions. Mais il existe des atteintes plus insidieuses et progressives de la solastalgie, quand le paysage autour de nous se mite, s'érode peu à peu.

Dans tous les cas, et c'est la thèse centrale d'Albrecht, la solastalgie ébranle nos repères, elle mine notre assise sur la terre. Quand les paysages qui nous entourent se révèlent instables, c'est notre propre identité qui chancèle avec eux. Nous avons besoin, pour savoir qui nous sommes, pour appréhender notre existence comme un ensemble cohérent, d'une certaine continuité dans le temps des territoires qui nous sont chers. Si ceux-ci sont disloqués, nous nous sentons nous-mêmes taillés en pièces. Glenn Albrecht va loin, puisqu'il suggère dans ce même article qu'il existe un lien profond entre la solastalgie et l'augmentation du nombre de suicides et de psychopathologies dans les pays développés – fléau notamment au Japon, aux États-Unis, ou même en France, où le niveau de consommation de psychotropes est élevé. À en croire Albrecht, la cause cachée de bien des effondrements psychiques et des passages à l'acte pourrait être la détérioration des environnements. Du reste, les plus frappés par la solastalgie seraient les peuples autochtones, Aborigènes et Amérindiens en tête. Privés de leurs terres, ils n'ont jamais réussi à se résoudre à la vie dans les réserves, et ces exilés de l'intérieur connaissent des taux record d'alcoolisme et de toxicomanie, collectivement ils se laissent dépérir. À la suite de cet article, certains organismes, comme la National Psychiatric Alliance, ont pris le concept au sérieux et mené des études sur les liens entre les déplétions environnementales et les troubles psychologiques, études dont les résultats confirment globalement les intuitions d'Albrecht. La thèse semble donc solide : tout ravage écologique crée chez les habitants du lieu qu'il frappe une crise identitaire et spirituelle.

Au commencement était le déracinement

L'analogie entre le deuil contemporain des lieux et celui des personnes admet néanmoins une limite. Car dans le cas des lieux, nous avons de lourdes responsabilités : il ne fait guère de doute que nous autres les humains, avec nos modes de vie, nos manières de produire et de consommer, sommes collectivement leurs assassins. Les lieux ne disparaissent pas de mort naturelle, mais bien à cause de la violence et de la pression que nous exerçons sur eux. Nous voilà donc dans une position à tout le moins ambiguë, à la fois coupables et victimes. D'un côté nous sommes heureux de prendre l'avion et la voiture, de nous mouvoir à la surface de la Terre à volonté, d'avoir une table chargée de mets variés et copieux lors des repas de famille, d'obtenir de l'eau potable à bas coût et en quantité virtuellement illimitée chaque fois que nous ouvrons le robinet; de l'autre nous nous sentons atteints, meurtris, rattrapés non pas peut-être par le remords mais par un regret plus intime encore lorsque nous constatons que les décors de notre enfance sont en lambeaux, que les arbres autour de nous manquent d'éclat et dépérissent, que des bulles louches et des traînées multicolores flottent à la surface des cours d'eau, bref que notre environnement se rabougrit.

Mais d'où vient notre posture paradoxale dans le monde, cette manière d'être en rupture avec notre milieu de vie ? Selon une idée répandue dans le microcosme de la pensée écologique, cela tiendrait principalement à un problème de représentation, à une erreur philosophique : héritière de la religion chrétienne et de la science galiléenne, la civilisation occidentale concevrait l'être humain non pas comme un animal mais comme une créature à part, élue de Dieu, qui a reçu la Terre pour y prospérer et y régner, et la nature elle-même comme une mécanique régie par des lois mathématiques, domesticable par la raison. Cependant, une telle explication de la crise écologique par la philosophie dominante me paraît insuffisante ; je doute que la dévastation en cours des milieux naturels soit uniquement affaire de théories – auquel cas, un simple aggiornamento de nos représentations suffirait pour y remédier. À mon sens, il vaut mieux ne pas trop regarder en haut, vers la sphère des idées, mais plutôt en bas, vers les pratiques effectives et l'organisation concrète du travail, pour saisir les causes profondes de la situation. En somme, le problème n'est pas tant la manière dont nous pensons le monde, que celle dont nous y agissons.

Aussi, l'élément central qui explique la façon dont les Modernes se rapportent au milieu, aux lieux, est un phénomène lié à la civilisation industrielle et que la philosophe Simone Weil a proposé d'appeler le « déracinement ». Nos pertes géographiques, nos deuils de lieux ont en fait été largement anticipés par le déracinement qui a accompagné l'essor du salariat et du travail en usine au XIXe siècle.

Simone Weil avait été préparée, par son destin hors norme, à prendre la mesure d'une telle mutation. Après son passage par l'École normale supérieure et son agrégation de philosophie, elle est allée en 1934, par conviction politique, travailler à la dure, et s'établir comme ouvrière sur presse dans une usine Alsthom puis comme fraiseuse sur une chaîne de montage chez Renault, à Boulogne-Billancourt. Elle en a payé le prix fort. N'étant certes pas taillée pour un tel labeur, elle est morte d'épuisement moins de dix ans plus tard, en 1943, à Londres, où elle avait rejoint la France libre du général de Gaulle. *L'Enracinement* est un livre qu'elle n'a pu achever et qui a été rassemblé et publié par Albert Camus à titre posthume en 1949; c'est un essai étrange, comme secoué de paniques, où l'on sent que Simone Weil cherche le moyen de sauver les valeurs de l'humanisme sous la menace de l'histoire, en pleine progression de l'horreur nazie.

Dans ce livre, elle réfléchit aux effets de la diffusion du salariat comme mode hégémonique d'organisation du travail. Elle commence par une remarque de simple bon sens : «Il est une condition sociale entièrement et perpétuellement suspendue à l'argent, c'est le salariat, surtout depuis que le salaire aux pièces oblige chaque ouvrier à avoir l'attention toujours fixée sur le compte de ses sous.» Deux lignes plus loin, elle formule cette intuition percutante : «Quoique demeurés sur place géographiquement, ils [les ouvriers] ont été moralement déracinés, exilés et admis de nouveau, par tolérance, à titre de chair à travail.»

Ce qu'a vu Simone Weil et qui n'avait guère été relevé avant elle, c'est que le salariat affecte notre relation au sol natal, à l'environnement, qu'il modifie les conditions de notre inscription dans le monde. Il sectionne les vieilles attaches, les racines; il crée un écart. Dans les sociétés traditionnelles vivant de l'agriculture et de l'artisanat, la réalité du travail n'était certainement pas douce ni tranquille, et il ne s'agit nullement de l'idéaliser. Cependant la pérennité d'un collectif humain – à l'échelle d'une famille, d'un village, d'une cité – reposait sur la fertilité et la prodigalité d'un territoire. On dépendait de la terre que l'on cultivait pour obtenir des céréales, des fruits, des légumes et des féculents; des forêts où l'on allait chasser, faire son bois; des sources, des mares et des rivières qui fournissaient l'eau, le poisson ou le cresson. Mal entretenue, mal labourée ou mal semée, négligée, épuisée par une exploitation imprévoyante, la campagne ne donnait plus rien. Sans compter que l'on surveillait constamment le ciel, puisqu'une nuit de gel tardive, une averse de grêlons ou une sécheresse prolongée menaçaient d'anéantir des mois de besogne et de provoquer la disette. Le travail physique, harassant, prenait donc son sens profond, interne, en vertu de cet enracinement premier. Le souci majeur de tout groupe humain était de consolider sa place dans le monde, de s'assurer que les graines jetées par poignées dans les sillons germent, que les champs soient protégés du vent par des haies, que les jeunes arbres fruitiers soient maintenus par des tuteurs. Il n'y avait pas besoin d'échafauder de grandes considérations sur les équilibres écologiques ni de visionner des tutoriels d'initiation à la permaculture, car l'environnement était l'objet d'un soin constant, aussi évident que vital.

L'un des textes les plus anciens qui nous soient parvenus, *Les Travaux et les Jours* d'Hésiode, écrit au VIIIe siècle avant notre ère, fournit des descriptions détaillées de l'activité enracinée. On y lit des conseils comme celui-ci : « Observe chaque année le temps où tu entendras les cris de la grue retentir du haut des nuages, car c'est elle qui apporte le signal du labour et qui annonce le retour du pluvieux hiver. » Ou encore, cette recommandation nettement plus alambiquée, à la limite de la charade : « Dès que le coucou chante dans le feuillage du chêne, et réjouit les mortels sur la terre immense, si Jupiter ne cesse de pleuvoir pendant trois jours et si l'eau ne reste pas au-dessous du sabot de tes bœufs sans toutefois le surpasser, le dernier labourage sera aussi heureux que le premier.»

Difficile d'imaginer une conception du travail plus attentive au nuancier des saisons, plus locale, plus ancrée! Cependant, avec l'arrivée du salariat, la donne change : ce que je gagne ne prend plus la forme tangible, prosaïque, d'une récolte de pommes ou de blé me permettant de remplir mon grenier, mais d'une somme d'argent fixée conventionnellement. Ce modèle va de pair avec l'apparition et le développement de nouveaux espaces de travail : la manufacture, puis l'usine et l'immeuble de bureaux, dont les rythmes de production ne dépendent plus de la qualité du terrain ni des caprices de la météo. L'usine, généralement installée à la périphérie de la ville, est un bâtiment hors sol, le plus souvent sans fenêtres et doté d'un éclairage artificiel, où l'on délivre la même quantité d'effort de jour comme de nuit, en hiver comme en été, débitée par tranches de huit heures. Quand je travaille en usine, mais aussi bien dans un bureau, la terre, comprise dans son double sens de sol et de planète sur laquelle je vis, m'apparaît comme une entité vague et lointaine, presque une abstraction. Il faut vraiment que je fasse un effort pour me souvenir qu'elle existe, je pourrais fort bien ne jamais y songer. Parfois, quand je vois les premiers bourgeons éclore à l'extrémité des branches, j'en suis étonné : «Tiens, c'est déjà le printemps? Je n'avais même pas vu passer l'hiver...» Et combien de fois, quand je sors du boulot, ne suis-je pas surpris en constatant que la nuit est déjà tombée? Ainsi, même si les paysages autour de mon lieu de travail sont affreux et dévastés, même si les haies sont rasées, les champs intoxiqués aux désherbants et aux nitrates, le ciel parcouru de lignes à haute tension qui se croisent en tous sens, même si les rivières sont devenues impropres à la baignade et que l'atmosphère est chargée d'odeurs de pot d'échappement, cela m'est égal, ou si cela me touche, cela ne le fait que latéralement, parce que cela ne change rien à mon compte en banque, la somme d'argent qui me sera virée à la fin du mois restera identique. C'est la grande différence avec les sociétés traditionnelles : un aléa climatique pouvait, autrefois, emporter en quelques heures 20 ou 40 % du revenu annuel d'une communauté ; aujourd'hui, les événements météorologiques extrêmes ont un impact financier, certes, mais celui-ci est dilué, réparti entre les compagnies d'assurances et les pouvoirs publics, et pour moi, il reste impalpable, je peux même refuser de croire à sa réalité (et c'est ainsi qu'on devient climatosceptique).

Du reste, ce déracinement introduit par le travail salarié, qui génère de l'indifférence à la nature, à ses rythmes et à son état de santé, n'est pas réservé aux seuls secteurs secondaires et tertiaires, donc aux métiers plutôt urbains, mais s'observe également dans le primaire : il a déteint sur le monde agricole où la terre a fini par être envisagée comme une simple unité de production, quelque chose d'aussi froid et indifférent qu'une machine en usine sur laquelle on trime, qui appelle de temps à autre des réglages ou un peu de manutention, mais qui est essentiellement robuste et ne mérite ni notre attention ni nos sentiments.

On ne peut pas exiger des gens qu'ils manifestent un altruisme abstrait, une générosité entièrement dictée par des considérations d'intérêt général – nul ne s'émeut sincèrement de ce dont il ne dépend pas, de ce avec quoi il n'entretient aucun lien. Or, les conditions de production dans les sociétés modernes nous ont placés dans cette situation flottante, décollée. Nous avons chacun individuellement l'impression de ne pas dépendre de la nature, d'en être détaché et émancipé, et, s'il y a ici un ouragan dévastateur, là une vague de chaleur qui brûle les champs et les forêts, nous nous attristons, bien sûr, mais nous considérons que ce n'est pas vraiment notre problème, et nous nous réjouissons secrètement que le coup soit tombé ailleurs.

Certaines populations ont fait l'expérience du déracinement de façon plus récente, au cours des décennies écoulées, et elles gardent la mémoire brûlante de cette métamorphose.

Il n'est pas inintéressant de lire à cet égard *La Chute du ciel* (2010), curieux ouvrage dans lequel l'anthropologue Bruce Albert donne la parole à un Indien d'Amazonie, le chamane Davi Kopenawa. Davi Kopenawa appartient au peuple Yanomami, qui vit dans la forêt au nord du Brésil, et dont les premiers contacts avec les Blancs remontent aux années 1973-1974, lorsque le gouvernement brésilien a commencé à organiser des missions en vue du percement de la route Perimetral Norte. Évidemment, la réalisation de cette route a amené, pour les Yanomami, son lot de malheurs, à commencer par de terribles épidémies de grippe, de choléra, de tuberculose véhiculées par les Blancs, au cours desquelles Davi Kopenawa a perdu la plupart des siens. Les terres traditionnelles des Yanomami ont été investies par les orpailleurs, qui ont souillé les rivières au mercure. En plus de ces dommages humains et matériels, concrets, Davi Kopenawa remarque, dans son récit, que quelque chose s'est mis à bouger et à changer à l'intérieur d'eux-mêmes, que les Yanomami n'étaient plus comme avant, que leur assise spirituelle dans le monde était en train de vaciller, et il l'explique très clairement : « Nos anciens aimaient leurs propres paroles. Ils étaient vraiment heureux ainsi. Leur esprit n'était pas fixé ailleurs. Les propos des Blancs ne s'étaient pas introduits en eux. [...] Ils possédaient leurs propres pensées, tournées vers leurs proches.» Plus loin, l'argument se précise et l'on comprend que les pensées parasites amenées par les Blancs sont liées à l'anxiété du lendemain, aux comportements de prédation et d'accaparement, au désir de ce qui n'est pas là et que l'on ne possède pas encore : «Notre esprit s'embrouille avec des paroles sur les orpailleurs qui mangent la terre de la forêt et salissent nos rivières, avec des paroles sur les colons et les éleveurs qui brûlent les arbres pour faire manger leur bétail, avec des paroles sur le gouvernement qui veut y ouvrir de nouvelles routes et y arracher des minerais de la terre.» Quelque chose s'éteint donc, au-dedans. Le cours des pensées, qui était libre et se modulait avec la respiration, la fraîcheur de la grande forêt, les cris des animaux, se trouve capté et détourné. Les jeunes Yanomami n'apprécient plus de passer de longues après-midi étendus dans des hamacs à rêver tout en entretenant des relations avec les esprits de la forêt, ceux que Davi Kopenawa appellent les *xapiri*, non, ce genre de pensée en relation avec le milieu, endémique, tend à s'épuiser en eux, car leur intelligence est sollicitée autrement, mobilisée par des calculs et des aspirations plus consuméristes.

À ce stade, je voudrais ajouter une réflexion sans doute assez subjective. Quand je me trouve dans un musée archéologique, par exemple dans les galeries du Louvre consacrées à l'Égypte ou à la Grèce anciennes, et que j'admire des objets simples, une statuette, un vase de jaspe, une épingle à cheveux, une boucle d'oreille ou un collier, je suis surpris parce que je perçois dans ces modestes réalisations une évidence et une lumière dont nos propres biens manufacturés me paraissent dépourvus. Nos objets à nous ont été modélisés sur des logiciels en trois dimensions par des designers qui ont au moins cinq ans d'études derrière eux, leur fonction a été spécifiée grâce à des cahiers des charges ne laissant rien au hasard, des ingénieurs ont évalué leur résistance et leurs diverses propriétés, et pourtant, je ne sais pourquoi, ils n'ont pas la grâce d'un miroir ou d'un peigne égyptien. De même, les peintures pariétales, celles de la grotte de Lascaux ou de la grotte Chauvet, font pâlir une large part de l'art contemporain.

Si j'essaie de me l'expliquer, je serais d'avis que ce n'est pas un problème de connaissances ni de maîtrise technique, à cet égard nous sommes tout de même nettement plus avancés que les civilisations antiques, mais que c'est plutôt dû à une sorte de rétrécissement ou d'obscurcissement des pensées, au détournement spirituel si bien décrit par Davi Kopenawa. Nous avons l'habitude d'ajuster des moyens à des fins, nos ouvrages correspondent parfaitement à leur usage, ils sont optimisés, c'est du bon travail, c'est pro, et précisément il leur manque cette espèce d'ouverture métaphysique, cette incroyable présence au monde qu'ont les objets anciens, qui portent en eux comme la signature de l'enracinement, car les artisans qui les ont façonnés vivaient en intimité avec la nature.

L'inconvénient, lorsqu'on commence à s'intéresser à la notion de déracinement, est bien sûr qu'on en arrive fatalement à des réflexions de ce genre, un peu réactionnaires ou conservatrices, on flirte avec le « c'était mieux avant ». Telle n'était pas pourtant l'intention initiale de Simone Weil.

Ce n'est pas la mienne non plus. Non, aucun attachement excessif au passé, aucun désir de revenir en arrière : mon propos est plutôt de comprendre pourquoi la solastalgie n'est pas une émotion si intense, ou en tout cas pas suffisante pour nous mobiliser politiquement, pour se traduire dans les intentions de vote. Même si nous ne l'approuvons pas et qu'elle nous remplit d'amertume et de tristesse, nous sommes dans l'ensemble résignés à la destruction des lieux autour de nous. En fait, la solastalgie est une douleur teintée d'indifférence, et j'en vois l'explication dans le fait qu'elle a été précédée, préparée par le déracinement.

Pour aller jusqu'au bout de l'analogie avec le deuil des personnes, ce n'est pas comme si nous perdions un être cher qui vit sous notre toit, un conjoint ou un enfant, ni même un ami que nous fréquentions assidûment. Lorsque je constate que le pré à moutons de mon enfance n'existe plus, ou que John Baird Callicott souffre de voir le fleuve de sa jeunesse charrier des immondices, il ne s'agit pas d'une perte directe mais plutôt indirecte, un peu comme quand nous apprenons le décès d'une personne que nous avons follement aimée, mais qui est partie vivre ailleurs, dans un autre pays, et avec qui nous avions perdu le contact. Cela nous fait un pincement au cœur mais ne nous surprend pas plus que ça, nous considérons presque que cela appartient à l'ordre des choses.

Les lieux peuvent-ils renaître ?

Une question intéressante est de savoir si les lieux ont la possibilité de revivre et si nous allons assister, au cours de notre existence, à des résurrections écologiques. Personnellement, je n'ai été témoin de rien de tel dans mon proche environnement, cependant c'est un sujet auquel travaillent bien des scientifiques et des organisations et qui, du point de vue philosophique, soulève des enjeux inédits.

Le domaine de la *restauration écologique* est apparu aux États-Unis dans la seconde moitié du XXe siècle et, aujourd'hui, les expérimentations se multiplient sur tous les continents. Il peut s'agir de nettoyer une plage après une marée noire, de purifier le sable et de soigner les oiseaux mazoutés. Ou de revégétaliser d'anciens sites miniers, des carrières à ciel ouvert. Ou encore de réintroduire des espèces ayant pratiquement disparu dans leur milieu d'origine – comme on l'a fait, en France, pour le loup, l'ours, le lynx, le hamster ou encore le gypaète barbu. La restauration des rivières est en vogue ; parfois, on se contente de remodeler des berges effondrées par les passages des troupeaux, de créer des systèmes d'abreuvement adaptés, d'autres fois on intervient sur les affluents et les effluents afin de garantir l'intégrité du corridor fluvial, d'assainir l'eau et de stabiliser la biodiversité. Sur les littoraux menacés par l'érosion, on tend à apporter du sable pour renforcer les cordons dunaires ou encore à poser de faux récifs afin de durcir le trait de côte. Aux Caraïbes, des boules en ciment ont été déposées dans le but de recréer un habitat pour la faune et la flore marines après que des ouragans avaient dévasté les barrières coralliennes. Le même procédé est employé dans la baie de San Francisco pour maintenir les huîtres plates. Dans les régions tropicales, les opérations de replantation de forêts ou de réintroduction d'espèces endémiques sont nombreuses. C'est ainsi que, sur les Hautes Terres de Madagascar, on essaie de réimplanter un arbre rare, le *Sarcolaena tampoketsana*, tandis que l'Union africaine s'est entendue sur la création de la Grande Muraille Verte pour le Sahara et le Sahel, projet pharaonique qui prévoit la création ou la consolidation d'une bande forestière de 15 kilomètres de large et de 7 800 kilomètres de long, de Dakar à Djibouti, visant à stopper la progression du désert liée au réchauffement climatique.

La restauration écologique, on le voit, touche à des compétences et des corps de métier divers – tantôt il s'agit de traiter des substances toxiques, tantôt d'effacer des routes, de terrasser, d'intervenir sur les reliefs, tantôt encore de retisser la trame du vivant. La simple évocation de ces initiatives suscite spontanément la sympathie et l'adhésion. Cependant, des critiques de fond se sont élevées, qui ont donné lieu à d'intenses débats, peu suivis en France, mais très nourris aux États-Unis, où paraissent pas moins de trois revues sur le sujet, le *Restoration Ecology Journal*, l'*Ecological Restoration Journal* et l'*Ecological Management and Restoration*. Pour résumer, les adversaires de la restauration écologique, qui sont en général partisans d'une logique de conservation ou de protection de l'environnement, pointent quatre problèmes.

D'abord, un dilemme moral : est-il légitime, au démarrage d'un projet de restauration écologique, de chercher à éradiquer les populations tant végétales qu'animales qui n'ont rien à faire là, qui sont étrangères à l'écosystème qu'on veut reconstituer, et qui l'ont investi à mesure que celui-ci se fragilisait ? Faut-il commencer par décimer les espèces dites envahissantes, comme l'armoise, l'ambroisie, le séneçon, ou encore les ragondins, les poissons-chats, les écrevisses de Louisiane ? Par une sorte de chauvinisme d'un nouveau genre, va-t-on tuer des êtres vivants au motif qu'ils sont nouveaux venus, qu'ils ne sont pas originaires du coin ? En d'autres termes, est-il acceptable de détruire un écosystème que l'on juge dégradé avant de tenter de recréer celui que l'on souhaite – comme si l'on pouvait, dans la nature, appuyer sur la touche *reset* et revenir au paramétrage initial ?

Cela nous amène au deuxième point délicat, et qui doit être discuté en amont de chaque restauration : quelle est la période de référence, l'état antérieur de l'écosystème auquel on veut revenir ? Ce thème est très sensible politiquement aux États-Unis, car les colonisateurs européens n'y ont pas trouvé une nature sauvage, comme on l'a longtemps pensé et comme le mythe romantique de la *wilderness* tend à le laisser accroire ; en réalité, nous savons que les populations amérindiennes, à l'échelle du continent, utilisaient massivement le feu pour ouvrir les forêts et former des prairies. Du coup, lors d'un projet de restauration, faut-il revenir aux temps précolombiens et pratiquer à nouveau la régulation par le feu ? Ou bien, cherchera-t-on à reconstituer une nature plus ancienne, celle qui se trouvait là avant l'établissement humain ? Et de celle-ci, que savons-nous au juste ? Nous avons une connaissance imparfaite des environnements préhistoriques. En Europe, de telles interrogations n'ont pas leur équivalent, car il règne un certain consensus, dans le public comme chez les décideurs, en faveur du pastoralisme, c'est-à-dire qu'on essaie plutôt de revenir à des paysages d'avant l'industrialisation, à du bocage – c'est ce qu'on appelle l'« approche arcadienne ».

Selon l'option retenue – recréer une terre d'avant l'homme, revenir juste avant la modernité –, on affrontera différemment cette autre demande ardue : une fois qu'un écosystème a été restauré, est-ce qu'on le sanctuarise, fait-on en sorte que les humains n'y mettent plus les pieds ni la main ? Ou bien, faut-il au contraire réinventer sur place de nouvelles pratiques, de permaculture ou de sylviculture par exemple ? Ce débat s'est posé de façon très concrète aux Pays-Bas. Avec 60 % du sol national occupé par les habitations et les activités humaines, et des menaces de submersion de territoires entiers en cas d'élévation du niveau de la mer, les Pays-Bas sont une contrée à part, où ce qui a trait à l'allocation de l'espace revêt une importance dramatique. L'histoire ne fera pas marche arrière et le destin collectif des Néerlandais est, un jour ou l'autre, de manquer cruellement de place. C'est pourquoi, dès 1975, le gouvernement a incité les agriculteurs à vendre leurs terres, pour que celles-ci soient transformées en forêts ou en parcs nationaux. L'ambition du Réseau écologique national est significative, puisqu'il s'agit de protéger 20 % de la surface du pays. Or, dans un premier temps, ces programmes se traduisaient par une certaine sanctuarisation des espaces naturels, interdisant toute forme d'exploitation de ceux-ci et les fermant aux visiteurs, sauf sur des itinéraires balisés. Mais il est apparu, à l'usage, que la pression exercée sur les habitants était trop forte, et des révoltes de fermiers ont éclaté dans la région du Gaasterland au cours des années 1990. Finalement, la politique de sanctuarisation de la nature, défendue par la branche néerlandaise du Fonds mondial pour la nature (WWF), qui compte près de 850 000 adhérents, a cédé le pas à une autre démarche, portée par l'association des Amis de la Terre, consistant à développer sur les zones concernées des projets pilotes d'agriculture alternative, à encourager davantage les visites, les parcours nature, l'apparition de fermes pédagogiques – en somme, on a choisi d'utiliser ces lieux afin de favoriser de nouvelles relations à la nature, plutôt que d'interdire leur accès. C'est ainsi que la restauration écologique se cherche, aux Pays-Bas comme partout dans le monde, entre deux positions irréconciliables : soit on considère qu'il y a un geste initial de recréation d'un écosystème à effectuer, après quoi on doit se retirer et laisser celui-ci évoluer selon sa propre dynamique (mais, lorsque le terrain a été au préalable pollué, l'évolution dudit écosystème risque d'aboutir à un résultat qui sera, culturellement, jugé assez laid, donnant par exemple une végétation rase où pulluleront mouettes et rongeurs) ; soit au contraire, on estime que l'acte de restauration s'apparente à une *création continue*, et qu'il doit engager une nouvelle dynamique d'interaction entre humains et non-humains.

Quatrième série de critiques, plus marginale, car elle procède d'un scrupule esthétique qui n'est pas si partagé : la restauration écologique n'aboutirait-elle pas à une nature feinte, à une sorte de tromperie, un *fake* ? N'y a-t-il pas, entre un paysage protégé et un paysage restauré, la même différence qu'en art, entre un tableau de maître et son imitation par un faussaire ? Jamais de faux récifs en béton n'auront l'âpre beauté des rochers bruts. Les berges redessinées des rivières évoquent des lèvres liftées, les forêts obtenues par replantation des implants capillaires. On ne serait capable de forger qu'une simili-nature, jamais très éloignée de la tristesse des jardins intérieurs des résidences, avec leurs buissons taillés, leurs galets qui semblent avoir été lavés dans un bac à vaisselle et leurs plans d'eau qui rappellent des pédiluves.

Pour une présentation plus ample de ces débats et des différents penseurs de l'écologie qui y interviennent, on pourra se référer au livre de la philosophe et urbaniste française Marion Waller, *Les Artefacts naturels* (2016). Cet essai offre, par ailleurs, une perspective extrêmement originale, non seulement sur ces controverses assez spécialisées, mais sur le monde qui nous entoure.

Quand j'ai relevé, plus haut, que les paysages où nous habitons et voyageons devaient être envisagés comme un mixte de nature et de culture, l'image qui vient spontanément à l'esprit est celle d'un cadre spatial dans lequel coexistent des entités naturelles (des rochers, des arbres, des oiseaux) et des entités artificielles (des pylônes, des routes, des maisons). Cependant, un examen plus attentif amène plus loin et révèle qu'il y a beaucoup d'entités qui sont, elles-mêmes, dans leur apparence extérieure, leur composition interne et jusque dans leurs gènes, des mixtes de nature et de culture. L'exemple canonique, ce seraient les vaches : sans les humains, les vaches n'existeraient pas. La même chose vaut, bien sûr, pour tous les animaux domestiques. Mais aussi pour bien des végétaux : les roses de nos jardins, avec leur diversité de calices, de coloration des pétales, ont été obtenues par des transformations dues à des pratiques horticoles millénaires, d'abord artisanales puis recourant au génie génétique. Vaches et roses ont en commun d'être des hybrides. Or, si nous nous promenons à la campagne, des hybrides, nous en apercevons partout autour de nous. C'est pourquoi Marion Waller propose d'employer le concept légèrement oxymorique d'*artefacts naturels*. Elle va plus loin : les artefacts naturels peuvent être des choses, des êtres vivants, mais également des ensembles plus vastes, des lacs artificiels, des canaux, et même des paysages entiers, et c'est bien sûr le cas là où il y a eu restauration écologique.

La notion d'artefact naturel nous permet en outre de lever une ambiguïté : nous avons tendance, dans notre vie quotidienne, dans le langage courant, mais aussi en esprit, en imagination, à confondre la « nature » et la « campagne », et à considérer qu'on fait l'expérience de la première dans la seconde – surtout lorsqu'on est européen. Nous relions les deux concepts un peu mollement, en distinguant par exemple la « nature sauvage » et la « nature cultivée ». Mais si l'on se promène à la campagne, on a en réalité autour de soi davantage d'artefacts naturels que d'éléments qui pourraient être versés sans tergiversation du côté de la nature ou de la culture.

J'ai remarqué que les objets anciens – par exemple, une épingle à cheveux ou un peigne égyptiens – se présentaient à nous dans une sorte de plénitude, parce qu'ils ont été créés par des artisans qui vivaient en intimité avec le monde naturel, qui ne travaillaient qu'à la lumière du jour et n'employaient que des matières brutes, non synthétiques – ainsi, ces ouvrages sont presque des prolongements de la nature dans la sphère culturelle, ils ont quelque chose de la grâce assurée des feuilles d'arbre ou des coquillages. Eh bien, les artefacts naturels sont issus d'un cheminement inverse, ils ont été conçus par des ingénieurs ou des urbanistes, dans des bureaux, avant d'être introduits dans les milieux vivants, si bien qu'ils sont comme des prolongements de la culture dans la biosphère. Cela explique qu'ils nous donnent un sentiment, non pas de laideur, mais de légère inadéquation, de manque d'évidence, d'étrangeté.

Cela n'est sans doute nulle part aussi clair qu'à Freshkills Park, un lieu dont l'histoire est riche d'enseignements.

Pour saisir ce qui se trouve aujourd'hui sous ce grand parc aéré aux allées et aux pelouses impeccables, il faut remonter à l'année 1948, où fut prise la décision de créer une immense décharge à proximité de New York, sur Staten Island, dans un lieu baptisé alors Fresh Kills (littéralement : « Tueries fraîches », cela n'a pas tout à fait le même sens). Cette décharge devait être provisoire, n'entrer en service que pour trois ans – hélas, elle a vite pris des proportions immaîtrisables. Dans les années 1980, c'étaient jusqu'à 29 000 tonnes de déchets qui y arrivaient quotidiennement pour être traités, recyclés, mais surtout entassés, formant de gigantesques amas d'immondices – tant la vie trépidante de la mégapole voisine enfantait d'ordures. La fermeture de la décharge, véritable scandale à ciel ouvert, responsable de nombreuses maladies pour les riverains, fut décidée par le maire de New York Rudy Giuliani en 1998 et effective en mars 2001. Symbole douloureux, le site fut réutilisé une seule fois ensuite : les décombres des Twin Towers, auxquels étaient mêlés les corps broyés des victimes, furent acheminés vers Fresh Kills après les attentats du 11-Septembre. Ensuite, un projet d'urbanisme doté de moyens considérables fut lancé : l'ancienne décharge fut transformée en un immense parc collinaire, et son nom modifié au passage en Freshkills, pour le rendre moins macabre.

La poétesse et essayiste Lucie Taïeb a consacré un récit personnel à ce lieu, où elle s'est rendue pour se faire son avis. Lors de la visite des installations, qu'elle a menée avec un groupe d'étudiants en *management durable* de la New School, elle a eu droit à une présentation du dispositif, par une guide, à l'aide d'une maquette pédagogique : en fait, les détritus n'ont pas été déplacés, mais recouverts, d'abord par une couche de gravier laissant circuler les gaz émanant des matières en décomposition, puis par un film plastique étanche, puis par une couche de remblai, enfin par le terreau cultivable. Un système de capture et de retraitement des gaz, méthane et dioxyde de carbone, a été mis en place. Ainsi qu'un drainage permettant l'évacuation du lixiviat, ce liquide qui suinte des déchets en décomposition. Le lixiviat est lui-même retraité dans une usine, dont sortent des «pains de lixiviat», condensés de putréfaction hautement poison, qui ne se prêtent plus à aucun usage (ne surtout pas en manger !), et qui sont évacués vers une autre décharge. Ces aménagements hypersophistiqués couvrent une surface totale de 890 hectares ! À mesure que la couche de déchets poursuit sa déliquescence, les vallonnements du parc se dégonflent – les ingénieurs du projet ont calculé que ces collines allaient perdre entre 10 et 15 % de leur masse d'ici trente à cinquante ans. Mais comme le processus est lent, les arbres, la végétation du parc ne seront pas affectés. Un tel phénomène d'affaissement, en outre, rend la zone inconstructible.

Que va-t-il se passer ensuite ? Rien, on peut imaginer que dans quelques siècles, le film plastique lui-même se sera biodégradé, et qu'il y aura là, peut-être, un parc où les joggers et les familles se promèneront le week-end, pique-niqueront aux beaux-jours, en ayant oublié que c'était autrefois l'une des pires poubelles de la planète.

Au demeurant, la transformation d'un lieu maudit en espace vert n'est pas une entreprise si rare, puisque nous en avons une illustration éloquente à Paris : à l'emplacement du parc des Buttes-Chaumont se dressait, au Moyen Âge et jusqu'au XVIIe siècle, le tristement célèbre gibet de Montfaucon, où la justice royale était rendue, flanqué d'une fosse commune où l'on jetait les cadavres; puis l'endroit devint une énorme décharge à ciel ouvert où les détritus, mais surtout les excréments des Parisiens étaient apportés par les vidangeurs des fosses d'aisances. Pestilentiel, le site était exploité par des fabricants d'engrais agricoles et des producteurs d'asticots pour la pêche. Il servait aussi à l'équarrissage, et chaque année des dizaines de milliers de cadavres de chevaux et d'animaux étaient jetés dans la fosse. Mais qui se souvient de cette affreuse histoire? Depuis 1867, le parc des Buttes-Chaumont a son apparence actuelle, avec son style rocaille, son promontoire en meulières et son belvédère qui offre une vue assez charmante sur la capitale. Son style, caractéristique de l'époque de Napoléon III, est surchargé, délibérément kitsch – les déjections et les ossements qui forment la texture de ses reliefs ont été camouflés, voire conjurés, par un surcroît d'ornementation; ces jardins racontent une sorte de contre-histoire bucolique du lieu.

Mais ce n'est pas l'atmosphère que dégage le Freshkills Park, à en croire Lucie Taïeb. D'abord, le spectacle y est beaucoup plus lisse et consensuel, on évolue là dans une aire de loisirs urbains fonctionnelle davantage que dans une projection romantique. À la fin du récit de sa visite, Taïeb a cette phrase révélatrice : «J'essaie de savoir ce que je ressens, ici et maintenant ; étrangement, je ne pense pas un instant aux tonnes de déchets enfouies sous mes pieds. Je constate que je ne ressens rien de particulier, qu'aucune idée précise ne me vient à l'esprit. Le seul mot dont je dispose pour décrire ce que me fait ce lieu, c'est "anesthésie".»

C'est peut-être le terme qui convient pour qualifier notre relation à tous les endroits qui ont fait l'objet d'une restauration écologique. Ils ne donnent pas tant l'impression d'un travail de faussaire, que d'un engourdissement ; l'ensemble est soigné, cohérent peut-être, mais d'une vitalité amoindrie. D'ailleurs, un doute est permis : si on trouve de la beauté à un paysage restauré, dans quelle mesure s'agit-il d'une émotion esthétique authentique ? Cette question, on pourrait la reformuler ainsi : si l'on se sent heureux alors qu'on est sous antidépresseurs, est-ce vraiment du bonheur ? Nous qui sommes orphelins de lieux, pouvons-nous espérer que la consolation viendra d'un surcroît d'artifice ?

“là où il subsiste des animaux en milieu naturel, le tourisme tend à se développer

« Je vis sur l'atoll de Rangiroa. Il s'agit d'une très ancienne île volcanique qui appartient au plus grand archipel de Polynésie, les Tuamotu, constitué d'îlots coralliens à fleur d'eau. C'est assez spécial comme lieu d'habitation. Il n'y a aucun relief, la bande de terre n'excède pas quelques centaines de mètres de large, on ne peut pas être plus au milieu de l'océan je crois. Rangiroa est un atoll immense qui mesure près de 200 kilomètres de pourtour, mais les habitations se concentrent sur un segment d'une vingtaine de kilomètres, où vivent 3 000 personnes à l'année. Cette bande côtière est coupée par des passes, failles naturelles qui relient le lagon intérieur à l'océan et permettent la communication entre les deux écosystèmes.

Si l'on ne ressent pas un intérêt profond pour le milieu océanique, il est difficile de rester ici. Des gens ont parfois un coup de cœur pour la beauté des paysages et tentent de s'installer, mais ils s'ennuient rapidement.

La zone principale où s'exercent les activités de plongée touristique est petite et centrée autour de la passe Hiria, ou passe de Tiputa, au nord de l'atoll. La topographie locale n'a pas grand-chose à voir avec les zones littorales européennes : la terre est séparée de l'océan par un récif qui se prolonge en un plateau étroit, d'une profondeur comprise entre 4 et 15 mètres, et puis ça descend très vite, jusqu'à 2 000 mètres. Des structures coralliennes sont présentes autour de la passe mais ce ne sont pas les plus vivantes ni les plus colorées de Polynésie, car elles sont soumises à des effets mécaniques constants liés aux courants et à la houle ; seuls les coraux les plus compacts et les plus résistants parviennent à se développer ici. Par contre, c'est un endroit idéal pour observer la grande faune marine.

Les mythes populaires ont ancré dans l'imaginaire collectif une opposition simpliste entre les dangereux requins et les gentils dauphins. Un film comme *Les Dents de la mer* (1975) a diabolisé le terrible requin mangeur d'hommes, et l'on interprète à tort l'expression faciale du dauphin comme bienveillante – c'est le fameux pseudo-sourire du dauphin, qui n'est rien d'autre qu'une projection anthropomorphique. En réalité, ces animaux présentent de fortes similitudes : les requins sont des prédateurs remarquablement adaptés à leur milieu naturel, mais les dauphins également. Le grand dauphin que l'on trouve à Rangiroa peut mesurer jusqu'à 3,30 m et peser 450 kilos, il occupe à peu près la même position dans la chaîne trophique que le requin gris ou le requin soyeux.

On observe également des baleines en saison, principalement la baleine à bosse, facile à identifier grâce à ses longues nageoires pectorales. Cette baleine passe l'été austral en Antarctique, où elle s'alimente, et à l'arrivée de l'hiver elle migre vers les eaux tropicales où l'on peut croiser sa route entre juin et novembre, ce qui correspond à sa période de reproduction.

L'une des institutions de Rangiroa est le Raie Manta Club, le premier centre de plongée créé en 1985. Pour ma part, j'ai commencé à venir régulièrement dans l'île à partir de 2009. Les raies mantas étaient encore nombreuses, on les voyait autour des bateaux au mouillage. Aujourd'hui, il faut s'accrocher pour en voir une aux abords de la passe ; certains disent qu'elles ont migré vers des spots à l'intérieur du lagon, mais je n'en sais rien.

Quand j'étais petite, j'ai été marquée par un film de Luc Besson,

Atlantis (1991), où l'on voyait un “mur de requins gris”, une scène filmée à Tiputa. Aujourd'hui les requins sont toujours présents mais se sont déplacés dans la colonne d'eau, ils sont descendus.

Comme partout ailleurs, la région souffre de la surpêche. Une fois par mois, à Rangiroa, se pratique la pêche au bec de cane, un poisson très apprécié aux Tuamotu car c'est l'une des rares espèces non “ciguaterée”. La ciguatera est une toxine sécrétée par certaines algues symbiotiques des coraux, quand ces derniers sont stressés par des modifications de leur environnement affectant notamment la température ou l'acidité de l'eau ; cette toxine est absorbée par les poissons corallivores et sa concentration augmente dans les tissus des poissons prédateurs. La ciguatoxine est nocive pour les humains, avec des effets directs sur le système nerveux. C'est ce qui explique que le barracuda, par exemple, haut placé dans la chaîne alimentaire, est impropre à la consommation.

Je travaille dans le secteur scientifique et associatif et suis en train d'écrire une thèse en éthologie sur les relations entre les dauphins et les plongeurs sous-marins. Ce thème s'inscrit dans un courant de recherches plus large. La pression des activités humaines sur la faune sauvage s'accroît partout dans le monde et, là où subsistent des animaux en milieu naturel, le tourisme tend à se développer. Un certain nombre de chercheurs se penchent donc sur les interactions entre les humains et les autres animaux, afin de veiller au bien-être animal et de limiter les dangers pour les observateurs.

Le grand dauphin est réputé avoir un comportement flexible et opportuniste. Là où les raies mantas semblent s'être purement et simplement éloignées de la passe de Tiputa, une partie des dauphins s'est arrangée de la présence des plongeurs et vient interagir avec eux. Cependant, j'ai remarqué qu'il ne fallait pas raisonner en termes d'espèces, c'est une approche trop généraliste, et qu'il convenait de tenir compte des variations comportementales individuelles. Ainsi, certains dauphins ont tendance à éviter les humains et à se tenir à l'écart des embarcations. Ceux-là, on les repère à la jumelle en surface mais ils ne se laissent pas approcher. D'autres individus, habitués voire conditionnés depuis tout jeunes, vont tolérer ou rechercher un contact. Un phénomène intéressant a été étudié en Australie : peu de temps après le démarrage d'activités touristiques ciblant l'observation des dauphins, un cinquième de ces derniers a déserté la zone. C'est l'ambiguïté de ce type de sites. Nous cherchons à rencontrer le monde sauvage, or celui-ci se rétracte à mesure que nous avançons.

Et puis, il y a des malentendus. Les humains ont souvent une curiosité spontanée pour les dauphins, ils les considèrent comme des amis et veulent s'en approcher. Ils leur attribuent des états émotionnels semblables aux leurs. Le dauphin, réciproquement, voit le monde de manière "delphinocentrique" et peut finir, s'il devient trop familier avec nous, par "delphinomorphiser" les plongeurs. J'ai déjà vu des femelles dauphins tourner autour des plongeurs et, comme elles n'obtenaient pas ce qu'elles voulaient, se mettre à devenir insistantes, à les pousser, à leur envoyer des chocs sonores sur la tête. Même chose chez les mâles. Les grands dauphins sont bagarreurs, ils ont le corps couturé de cicatrices. Et l'humain peut être appréhendé comme un rival. Il arrive qu'un dauphin charge ou vienne claquer des mâchoires près de vous. Dans ces cas-là, les plongeurs expérimentés comprennent qu'il ne faut pas insister et qu'il est préférable de s'éloigner. Mais d'autres pensent au contraire que le dauphin arrive vers eux, avec ses nageoires écartées, sa posture verticale, à la façon d'un type avenant qui voudrait vous serrer la main. Erreur ! Le dauphin est alors en position dominante. Comme la plupart des gens vivent désormais en ville, j'ai l'impression qu'ils sont moins intuitifs, qu'ils ont plus de mal à interpréter correctement les signaux que leur adressent les animaux.

Sur un site comme Rangiroa, nous sommes placés devant une

alternative. Soit nous développons une stratégie, déjà employée en milieu captif, relevant de ce qu'on appelle le *conditionnement opérant*; c'est-à-dire que nous motivons les dauphins à se montrer avec une certaine régularité aux touristes, afin que les attentes de ceux-ci soient comblées. Soit nous considérons que nous tenons là une occasion de sensibiliser le public et de lui transmettre une meilleure connaissance du monde sauvage, en essayant d'exercer sur ce dernier le moins de pression possible, et donc en renonçant au contrôle pour tisser des liens plus subtils. C'est la deuxième voie que j'ai envie d'approfondir. »

– Pamela Carzon, chercheuse en biologie marine habitant la Polynésie.

“les animaux, je vois de l’espoir au fond de leurs yeux

« J’ai du retard, parce que les braconniers ont encore frappé cet après-midi. Ils ont abattu un impala. J’ai dû me rendre sur place afin d’identifier la carcasse, le type de balle utilisée, et collecter les indices laissés sur la scène du crime.

Notre réserve se trouve au Zimbabwe, à 15 kilomètres des chutes Victoria. Nous avons ici des buffles, des lions, des léopards, des éléphants, des crocodiles, des hippopotames, des rhinocéros noirs. Les oiseaux les plus présents sont les chouettes, les zazous ou encore les aigles pêcheurs, qui ressemblent à l’aigle américain. Ces animaux évoluent en liberté sur les 6000 hectares de la réserve et nous autres rangers vivons parmi eux. En général, ils sont assez timides et déguerpissent dès qu’ils nous entendent arriver ; les léopards en particulier évitent le contact. Les rhinocéros sont plus tranquilles et ne se donnent pas la peine de bouger. Ils se sont habitués à ma présence, reconnaissent mon odeur et me laissent les approcher. Tant que vous ne mettez pas les pieds dans l’eau, les crocodiles ne représentent aucun danger.

Nous sommes une équipe de vingt rangers engagés pour veiller au nourrissage et à la santé des animaux, mais surtout pour lutter contre les braconniers. Nous sommes confrontés à deux types de braconnage. Chaque semaine, et parfois chaque jour, un éléphant ou un rhinocéros est abattu au Zimbabwe, des crimes qui viennent alimenter un trafic d’ivoire illégal, mais très organisé et international, dont l'Afrique du Sud est une plaque tournante. Cependant l'impala d'aujourd'hui a été assassiné par des locaux, qui peuvent aussi bien s'en prendre à des animaux plus petits, comme des lièvres, pour la viande. Le Zimbabwe est un pays stable sur le plan politique, pourtant le manque d'argent se ressent cruellement et les gens sont prêts à n'importe quoi pour manger.

J'ai étudié l'écologie, formation scientifique que j'ai complétée par un entraînement paramilitaire dans un centre spécial destiné aux rangers en Afrique du Sud. Les trafiquants d'ivoire étant lourdement équipés et armés, nous sommes obligés pour les contrer d'employer des moyens militaires. Dernièrement, nous avons tendu une embuscade à une bande qui avait pénétré dans la réserve. Le combat a éclaté autour de onze heures et demie du soir, nous avons réussi à mettre en déroute les malfaiteurs sans qu'ils voient nos visages, sans quoi nous nous exposons à des vengeances. L'un d'eux a perdu sa carte d'identité en s'enfuyant. Nous avons remis la pièce d'identité à la police et le type en question, qui habite un village voisin, a simplement prétendu que son portefeuille lui avait été volé et qu'il n'était pas sur place cette nuit-là. On l'a relâché, faute de preuves. C'est malheureusement un cas courant, les enquêtes policières aboutissent rarement, les condamnations en justice pour braconnage sont rares. Et pourtant la protection des espèces menacées ressemble à une guerre : au Zimbabwe, une quinzaine de braconniers sont abattus chaque année, et quelques rangers perdent également la vie.

La période du Covid-19 a vu une hausse assez spectaculaire du phénomène du braconnage dans la région. En effet, les rangers des différents parcs sont rémunérés grâce à l'argent du tourisme. Celui-ci s'étant arrêté, de nombreux rangers se sont retrouvés au chômage – ce qui n'est heureusement pas le cas ici, à la réserve Stanley & Livingstone – et les animaux ont été laissés sans protection. Ce qui est certain, c'est que le trafic d'ivoire n'est pas en régression et qu'il n'a de cesse de se développer depuis que je fais ce métier, cela va faire six ans.

Quand je regarde les animaux, je vois de l'espoir au fond de leurs yeux. J'ai été très heureux que vous souhaitiez recueillir mon témoignage, j'ai l'impression que les journaux et les réseaux sociaux, l'opinion publique sont en train de basculer dans notre camp, qu'il y a un éveil de la conscience collective. Si les animaux sauvages traversent aujourd'hui une phase vraiment difficile de leur histoire, je suis sûr qu'ils auront dans l'avenir des lieux où vivre en paix. »

– Picket Chabwedzeka, ranger au Zimbabwe.

3

Rencontrer (encore) l’animal sauvage

Nous ne sommes pas seuls

Pendant plusieurs mois d'affilée, au printemps dernier, j'ai moins dormi. Je n'étais pas spécialement stressé et ne le faisais pas exprès. Quelle que soit l'heure à laquelle j'allais me coucher, je me réveillais spontanément – sans programmer la moindre alarme – vers cinq heures et demie, parfois plus tôt. Le ciel sur les champs était encore noir. J'enfilais un pull et me dirigeais sur la pointe des pieds vers la petite pièce, au premier étage de notre maison, que j'appelle « mon bureau », pour écrire.

Durant cette période où mon énergie se renouvelait plus rapidement que d'habitude, j'ai fait une découverte : avant que nous autres humains ne débarquions bruyamment dans le jardin, n'investissions le grand dehors de la campagne, les non-humains y menaient une danse secrète. Le premier signal que j'en perçus fut presque subliminal. J'avais les yeux rivés sur l'écran où se formait la ligne qui était mon seul horizon, quand fila, sur l'extrême bord de mon champ de vision, une boule grise que je n'identifiai pas. Il fallut que le phénomène se répète plusieurs matins d'affilée pour que je détache mes yeux de la phrase en cours et me mette à le guetter. En fait, un lièvre vivait chez nous. La journée il ne se montrait pas, et pourtant il était là, à demeure.

Ses mouvements paraissaient incohérents et illogiques, tant ils étaient fractionnés. Il s'asseyait sur ses pattes arrière, raidissait le dos, les muscles de ses cuisses étaient parcourus de frémissements involontaires. Il dressait les oreilles, tournait la tête à droite, à gauche. Puis il parcourait 5 mètres en sprint. Stoppait net. Restait aux aguets. Progressait encore sur quelques mètres par des bonds allongés et calmes, découvrant le dessous blanc du pompon de sa queue. Son pelage était d'un gris cendreux se confondant avec la terre. Ce qui l'attirait dans la cour de notre maison, c'étaient les restes que nous déposions tous les soirs dans une gamelle pour les poules. Profitant que je n'aie pas encore ouvert le loquet du poulailler, le lièvre venait leur dérober des épluchures de carotte et de pomme de terre, une feuille de salade ou un trognon de pomme. Cette verdure l'occupait quelques minutes, mais ensuite, au beau milieu de la mastication d'une bouchée, il détalait en décrivant un arc de cercle, départ subit dont la motivation m'échappait.

Un matin, je le reconnus qui s'extirpait, aplatissant son corps élastique, de sous un tas de bois de notre bûcher. Les lièvres n'ont pas un seul terrier mais plusieurs gîtes, qu'on appelle parfois aussi des « formes », répartis sur un territoire, qui correspondent à des besoins divers et leur permettent de s'abriter de la pluie quel que soit le sens du vent (ils détestent se retrouver mouillés). Ce lièvre avait donc l'une de ses formes sous notre réserve de bûches. La raison pour laquelle il s'était établi chez nous, alors que mes enfants envahissaient chaque jour le jardin de leurs cris et de leurs jeux, n'était pas difficile à deviner : notre maison n'était pas approchée par les chasseurs et aucun coup de feu ne pouvait être tiré à ses abords. Pour lui, nous étions gênants sans doute, mais pas dangereux. Désormais, quand je le voyais surgir, je suspendais mon travail d'écriture afin d'observer sa pantomime. Quelquefois, je le photographiais ou le filmais avec mon smartphone, pour le montrer ensuite aux enfants au petit déjeuner.

Plus tard dans la saison, c'est un chevreuil qui se mit à me rendre visite à potron-minet. Il y avait eu plusieurs semaines de sécheresse, l'herbe avait précocement jauni. Et des fruits peu développés, durs et ligneux, étaient tombés de notre vieux poirier. Ces poires attiraient le chevreuil au point qu'il se donnait la peine de traverser le champ des vaches voisin, puis de se baisser pour franchir, d'un pas de danseur incertain, la clôture barbelée de notre jardin. Le soleil naissant illuminait sa fourrure rase couleur de tabac blond. Il se tenait bizarrement, sabots écartés, les jambes incurvées vers l'intérieur, son museau errait à la surface du sol. Bien qu'il m'était impossible de percevoir les sons à distance, j'avais l'impression, lorsqu'il croquait des poires, d'entendre ses molaires concasser leur chair compacte ; au gonflement de ses maxillaires, il était évident que cette nourriture lui résistait. Moins paniqué que le lièvre, plutôt flegmatique, il avait l'insolence d'un adolescent mâchant un bloc de chewing-gum au milieu d'un cours de mathématiques. Si le chevreuil était si tranquille, c'était probablement par immaturité – il n'avait pas conscience du danger. C'était une bête très jeune, confiante.

Un matin, comme il s'attardait, je zoomais sur lui et le pris en vidéo. Au bout de deux ou trois minutes, il releva la tête et braqua son regard dans ma direction. J'étais bien à une trentaine de mètres, je me trouvais derrière une vitre dans une pièce plutôt sombre, il était peu probable que sa vue porte jusqu'à moi. Et pourtant il me fixait, comme s'il devinait qu'il avait été repéré, qu'il était en train de devenir le protagoniste d'un film-souvenir. Il demeura un moment la tête tendue vers mon objectif, puis cessa de s'intéresser à moi et se baissa pour boulotter à nouveau une poire. Il avait l'aplomb d'un dieu.

Je me mis à devenir superstitieux, à penser qu'une série de relations et de correspondances se tissaient : si je me réveillais à l'aube sans le moindre effort, c'était parce qu'un contact s'était établi entre ces animaux sauvages et moi. Le lièvre et le chevreuil représentaient mes esprits protecteurs, non seulement ils m'insufflaient un peu de leur énergie et me permettaient de me réveiller plus tôt qu'à Paris, mais ils veillaient sur mon écriture, ils accompagnaient à leur façon le processus de création. Chaque phrase que j'assemblais ne provenait plus d'une frappe solitaire, mais s'enrichissait de leur proximité. Ils profitaient de mon jardin qui rendait la chasse impossible, et en échange me gratifiaient de l'inspiration qui circulait à travers eux comme le courant de la vie même.

D'ailleurs, la maison attirait d'autres animaux.

Parmi ceux-là, une femelle pic-épeiche qui adopta, des semaines durant, une conduite obsessionnelle et déréglée. Elle était attirée, je ne sais pourquoi, par la petite fenêtre rectangulaire de notre salle de bains, à l'étage. Ne voyait-elle pas la vitre, était-elle leurrée par la transparence du verre ou incapable de tirer la moindre leçon des expériences passées ? Pendant des heures, la pic-épeiche volait à toute allure vers la lucarne et s'y cognait le bec. Elle prenait son élan depuis un appentis, se précipitait à toute force, et poc ! Elle allait au choc. Sur le moment, elle ne semblait pas se faire mal, mais s'enveloppait de ses ailes noires et blanches, comme une dame se protégeant d'un coup de froid en enroulant autour d'elle un lainage ; elle roulait-boulait sur les tuiles, battait en retraite, se reposait sur l'appentis. Vingt secondes plus tard, elle repartait à l'assaut. Poc, poc, poc, poc…

Normalement, c'est dans un tronc que les pics creusent leur nid. Parfois aussi, ils utilisent un trou qu'ils forent à coups de bec dans l'écorce d'un arbre comme une « forge » : ils y engagent des pommes de pin, puis les enfoncent dedans pour en retourner les écailles et en faire tomber les graines. Lorsqu'on découvre, au pied d'un arbre en forêt, un tas de pommes de pin non pas rongées, comme l'auraient fait des écureuils, mais à moitié brisées, c'est un pic-épeiche qui a fait le coup. La fenêtre lui apparaissait-elle comme une possible forge ? Selon ma femme, c'est le miroitement du verre qui l'attirait : elle ne comprenait pas qu'elle voyait son propre reflet et s'imaginait face à un représentant de son espèce, avec lequel elle voulait sociabiliser. Mes enfants se contentaient de l'appeler l'« oiseau fou ».

Quand je prenais ma douche et que j'ouvrais la fenêtre pour laisser échapper la vapeur, elle n'essayait plus d'entrer – ce qui donnait sans doute raison à ma femme. Sa persévérance fut telle qu'elle rendit le vitrage de notre fenêtre opaque, le rayant intégralement.

Ce printemps-là, un soir au crépuscule, une de nos poules refusa d'entrer dans le poulailler. Quand j'essayai de l'attraper, elle s'enfuit à toute vitesse. La plupart du temps, les poules qui sont contraintes de passer une nuit dehors ont recours à une ruse très habile, sans doute sélectionnée par l'évolution de leur espèce : elles s'abritent sous un buisson parfumé – en l'occurrence, dans notre jardin, sous la lavande – afin que leur propre odeur soit couverte et n'attire pas les prédateurs. Vers neuf heures, j'arpentai le jardin et les divers buissons sous lesquels la poule aurait pu s'abriter. Elle n'était nulle part. Le lendemain, plus haut dans le pré, nous découvrîmes dans l'herbe une constellation de plumes qui signalait qu'elle avait eu maille à partir avec un renard. Manifestement il l'avait tuée et emmenée, nous ne la vîmes jamais plus.

Mais goupil entretint une longue mémoire du ventre : pendant plusieurs semaines, il prit l'habitude de passer tous les soirs à dix heures précises, ponctuel comme s'il avait une montre à la patte. Quand nous étions dehors à siroter un dernier verre, nous guettions sa venue. Il sortait d'un bosquet – toujours le même – parcourait la moitié du champ des vaches et se plantait là. Des reflets d'or allumaient ses yeux. La truffe pointée en l'air, il humait l'atmosphère. Il venait vérifier si par hasard une nouvelle poule n'était pas en liberté. Juste comme ça, il ne prenait pas plus de risques, ne s'approchait pas davantage. Une simple inspection olfactive, à distance, lui suffisait. Après quelques minutes de station immobile, il s'en retournait nonchalamment chez lui.

La nuit, quand j'allais marcher sur les sentiers qui s'enfonçaient dans les sous-bois aux alentours de la maison, il m'arrivait de temps à autre de découvrir, surtout sous les buissons de noisetiers, la légère lueur verdâtre, couleur de menthe ou d'amande fraîche, d'un ver luisant. Ces petites créatures jetaient dans le creux de terre et d'herbes où elles se tenaient comme le halo d'un foyer miniature, évoquant le confort et la vulnérabilité. On aurait dit qu'il y avait là des familles d'insectes discutant autour d'un feu pâle. La présence de ces vers luisants, je la gardais pour moi et ne la signalais jamais aux enfants car, quel que soit leur âge, leur premier mouvement aurait été de les ramasser et de les écraser entre leurs doigts, pour le plaisir de voir les grains de lumière s'éparpiller sur la pulpe de leur peau et s'éteindre avec un temps de retard – les cellules luminescentes ne perdent leurs propriétés que plusieurs secondes après la mort de l'être qui les porte.

À l'automne, ce furent deux colombes qui nichèrent sur l'entablement de la fenêtre de mon bureau. Elles arrivèrent après la Toussaint, voletèrent longuement autour de ma fenêtre alors que je travaillais, et décidèrent que c'était là le perchoir parfait. Heureux, je ne les chassai pas. Elles appartenaient à la même famille que les pigeons et leurs fientes ne tardèrent pas à se répandre sur le mur et dans la cour en contrebas – mais elles étaient tellement belles, avec leur corps dodu, leur plumage crème, leur cou délicat ! Encore une fois, j'interprétais leur venue comme une sorte d'approbation ou même de bénédiction de la part du monde animal. La nuit, elles dormaient blotties l'une contre l'autre dans une gouttière et j'aurais pu passer la main par la fenêtre pour les toucher. Elles n'étaient pas farouches, mes mouvements et ma lumière électrique ne les gênaient pas. Leur séjour dura une semaine et puis, un matin, je ne les trouvai plus, elles avaient levé l'ancre : leur envolée resta aussi énigmatique que leur apparition.

Lièvre, chevreuil, pic-épeiche, renard, vers luisants, colombes… Rien que de très banal, ce sont là des animaux courants de nos contrées, sans aucun exotisme – et pourtant il n'en faut pas plus, à quelqu'un comme moi qui a passé la majeure partie de son existence en ville, pour avoir la conviction d'assister à un réenchantement du monde. Tout d'un coup, on n'est plus un individu doué d'une conscience autonome, se déplaçant et agissant dans un environnement réifié, c'est-à-dire composé d'objets inanimés et passifs, mais au contraire, on se découvre membre d'une communauté élargie, presque d'une fratrie, entouré de tous les représentants du règne animal, en interaction avec eux.

Le sentiment que cela procure, d'accéder à une autre dimension, à un affranchissement des limites assignées à la condition humaine, a été très bien décrit par l'écrivain américain Jim Harrison dans ces vers tirés d'un recueil inspiré par la poésie zen japonaise, *D'après Ikkyū* (1996) :

> «Au bout d'une piste de sable sur les collines basses
> des Whetstone Mountains j'ai vu des empreintes de puma
> si fraîches que le sable mouillé gouttait encore
> dedans. Je ne sais pourquoi, à genoux,
> je me suis pris à les humer, absolument certain
> d'être observé par la roche vivante
> du vaste paysage troublé par la chaleur.»

Le coup de génie de ce poème, c'est cette impression «d'être observé par la roche vivante». Du point de vue philosophique, cela renvoie à un basculement, un vertige : l'être humain n'est plus le sujet unique au cœur du paysage, il ne détient plus le point de vue ordonnateur et dominant, celui d'après lequel se construit nécessairement la perspective. Au contraire, il n'est qu'une singularité parmi d'autres ou un nœud pris dans un réseau de consciences plus vaste, qui comprend également le puma ayant laissé son empreinte dans le sable et la montagne.

J'ai employé plus haut le terme de « superstition » : en effet, dans notre tradition occidentale, nous n'avons pas vraiment de bagage intellectuel pour nous engager dans de telles expériences, que nous dévaluons en les renvoyant à des produits de l'imagination ou de la pensée magique. Et pourtant, nous sommes là au seuil d'un autre système de représentation du monde, opposé au nôtre mais qui a sa propre cohérence et qui porte un nom : c'est l'*animisme*, ou la propension à prêter des âmes aux entités naturelles et aux bêtes sauvages.

Comme l'explique l'anthropologue Philippe Descola dans *Par-delà nature et culture*, la tradition moderne occidentale est à dominante *naturaliste*, ce qui signifie que nous avons tendance à considérer que les humains et les non-humains sont comparables du point de vue de leur physicalité (nous avons des yeux, des poumons, un cœur comme le chien ou le cochon, ainsi que du sang qui coule dans nos veines et un squelette), mais que nous nous distinguons par notre intériorité – et les humains seraient les seuls à avoir vraiment une âme ou une conscience douée de langage et de réflexivité.

Les peuples *animistes*, parmi lesquels il faut compter la quasi-totalité des Amérindiens de l'Amazonie à l'Alaska, partent des présupposés inverses, c'est-à-dire qu'ils considèrent que les humains et les non-humains sont égaux par leur intériorité, qu'ils ont tous une âme (c'est le cas du jaguar comme du pécari), mais qu'ils diffèrent seulement par leur enveloppe corporelle, leur physicalité. Dans le temps du rêve, les habits corporels tombent et les âmes des humains et des non-humains peuvent communiquer entre elles, se parler dans la même langue, et même troquer leurs places. C'est ainsi que le chamane reçoit, en rêvant, des messages qui lui indiquent où et quand chasser, mais qu'il peut aussi se projeter, déplacer son foyer de conscience et de vision pour habiter provisoirement un aigle ou un anaconda, et appréhender le monde à travers les yeux de ces derniers.

Ces cultures animistes sont éloignées de la nôtre et nous les comprenons mal, nous les considérons comme des fatras de croyances mais non comme des ensembles de connaissances et de techniques permettant de vivre dans des milieux naturels aussi complexes que la forêt tropicale. Cependant, elles ne font qu'approfondir des potentialités que nous portons tous en nous et dont nous sommes familiers.

Dans *Les Formes du visible* (2021), Philippe Descola relie explicitement l'animisme à des expériences communes et universelles, comme celle décrite par Jim Harrison, ou comme mon intime conviction que, lorsque je travaillais aux aurores, le lièvre et le chevreuil que j'apercevais par ma fenêtre étaient porteurs de souffles et de significations susceptibles de me venir en aide : « L'animisme, écrit Descola, peut être vu comme une façon de systématiser l'expérience de l'inopiné. Un bruit inattendu dont on ne distingue pas la source, un animal au contraire silencieux et d'habitude farouche qui m'observe, un coup de vent imprévu, un tourbillon soudain dans la rivière, tous ces événements qui tranchent sur l'ordinaire de façon minuscule invitent notre imagination à exercer un "droit de suite" en inférant une présence là où l'on devrait être seul, en détectant une intention qui nous semble adressée dans le mouvement d'une ramure ou l'attitude d'un oiseau... »

Peut-être cet animisme est-il en rapport étroit avec l'enfance et la création, tandis que le naturalisme permet le déploiement de la rationalité scientifique et le rapport instrumental aux choses. En effet, l'animisme consiste à recharger spirituellement toutes les entités dont nous sommes entourés, le nuage et la rivière, le bruissement des feuillages et les chants d'oiseaux. L'univers était muet, voilà qu'il se met à parler et qu'il a des yeux de tous côtés. Cela introduit la possibilité d'un jeu. Dans un tel environnement, créer, ce n'est plus simplement exercer un talent de fabrication, construire un objet de plus, que ce soit un dessin ou un texte qui s'additionnera aux autres ouvrages déjà existants, c'est plutôt une manière de s'adresser à des puissances extérieures, se laisser traverser par elles et les libérer de leur gangue matérielle. Aussi me semble-t-il que l'animisme, pour beaucoup d'Occidentaux, n'est pas simplement un ésotérisme, mais également une tentation : il fournit l'antidote à notre drame, qui est de nous sentir, nous humains, seuls dans le désert.

La bibliothèque comme ultime réserve

Si la rencontre avec l'animal sauvage est tellement émouvante, c'est qu'elle est devenue rare pour la plupart d'entre nous. La buse que nous remarquons, perchée sur son poteau électrique, qui scrute le champ où son œil distingue la proie se faufilant à travers les herbes, le faisan qui a du mal à hisser son corps par-dessus une clôture ou encore la fouine qui court avec des sauts saugrenus ne nous apparaissent plus dans un contexte d'abondance, de prolifération, comme ce fut le cas pendant la majeure partie de l'histoire d'*Homo Sapiens*, mais au contraire sur fond de déclin, de décimation. Chaque fois que nous croisons l'animal sauvage, nous tentons de retenir son image, la mémoire fraîche de son passage, car nous savons que sa prochaine manifestation sera éloignée dans le temps ; peut-être même, dans le cas de certaines espèces menacées, ne le reverrons-nous jamais.

C'est que nous avons intégré l'avenir dystopique de notre civilisation : le risque qu'il n'existe plus sur la planète que des animaux domestiques ou d'élevage, à quoi s'ajouteraient quelques opportunistes plus ou moins parasitaires comme les rats, les tiques ou les cafards. Quand nous croisons en forêt une biche ou un sanglier, c'est souvent du gibier relâché exprès à l'automne pour le bonheur des chasseurs, tandis que les seules rivières encore franchement poissonneuses sont celles dotées d'installations d'alevinage performantes. Hélas, évoquer le scénario noir de la disparition du vivant sauvage ne revient nullement à céder à une quelconque idéologie catastrophiste, car les données disponibles concernant l'extinction des espèces en cours sont accablantes. Sans doute n'est-il pas inutile de rappeler ici quelques ordres de grandeur.

L'une des références les plus précieuses sur le sujet est la publication, dans un rapport annuel, de l'indice Planète vivante par le WWF. Il s'agit de ce qu'on appelle une méta-analyse, c'est-à-dire d'un indice calculé à partir d'autres rapports et études concernant le suivi de 20811 populations appartenant à 4392 espèces (et chaque année, de nouvelles populations ou espèces sont prises en compte dans la construction de cet indice). D'après le dernier rapport disponible, les effectifs des populations de vertébrés terrestres à l'état sauvage ont décliné de 68 % entre 1970 et 2016. Ce n'est bien sûr qu'une moyenne, et certains sont plus touchés que les autres, notamment les animaux d'eau douce, qui ont chuté de 84 %, avec un effondrement des populations d'amphibiens et de grenouilles.

Il n'est jamais facile de rendre les statistiques palpables. Dans le cas présent, peut-être faut-il aller se promener en forêt et se dire que, si l'extinction se poursuit au même rythme, deux sur trois des animaux que nous rencontrons seront absents du paysage dans une quarantaine d'années. On peut aussi remonter mentalement le temps et imaginer que, là où nous croisons aujourd'hui une rainette ou un lapin de garenne, il y en avait trois ou quatre il y a quarante ans. Ce qui est sûr, c'est que la Terre se dépeuple à toute allure. Les principaux responsables sont connus : la déforestation, l'agriculture intensive et le braconnage. Mais plus largement, la déstabilisation des écosystèmes fragilise toute la chaîne trophique, avec ses équilibres subtils, et la chute d'une population animale produit des effets en cascade sur les autres.

Une autre étude régulièrement actualisée fait autorité, la liste rouge des espèces menacées publiée par l'Union internationale de conservation de la nature (UICN). Sur les quelques 134 425 espèces recensées dans cette liste, 37 480 sont en danger, soit un bon quart. Si l'on se tourne vers le passé, l'être humain a déjà entraîné l'extinction de 680 espèces de vertébrés, soit 1 % de ce groupe, depuis l'an 1500. C'est une perte, mais rien en proportion de l'hécatombe qui se prépare et, là encore, les disparités sont importantes. Aujourd'hui, au niveau mondial, 41 % des amphibiens sont menacés d'extinction, 14 % des mammifères et 26 % des oiseaux. C'est également le cas de 36 % des requins et des raies, 33 % des coraux et 34 % des conifères. Les travaux de l'UICN montrent que la France, qui s'enorgueillit de sa tradition paysanne, de ses vastes campagnes, de sa « diagonale du vide », n'est nullement un refuge pour le vivant puisque, si l'on considère la métropole mais aussi les territoires d'outre-mer, elle compte 1742 espèces en danger, ce qui la place parmi les dix pays les plus frappés par l'extinction.

Pour compléter le tableau, il est nécessaire d'ajouter quelques données concernant les populations d'insectes, bien que ces dernières soient difficiles à évaluer. Comme le remarquait déjà le biologiste américain Edward O. Wilson dans *Biophilie* (1984), étudier les insectes n'est pas une mince affaire : alors qu'il avait été envoyé comme chercheur en mission au Surinam, il estimait avoir devant lui un travail presque infini, dans la mesure où l'on trouvait à l'époque plus de 100 espèces de fourmis et de termites sur 2,5 km^2 de forêt vierge. C'est dire que nous ne disposons, pour nous faire une idée d'ensemble de l'univers des insectes, que de coups de sonde toujours locaux et parcellaires, d'extrapolations périlleuses. Toutes les espèces existantes ne sont pas cataloguées, toutes les espèces connues ne sont pas recensées. La méta-analyse considérée comme la plus sérieuse à ce jour suggère que, depuis 1925, la biomasse des insectes terrestres a décru de 8,8 % en moyenne par décennie – tandis que l'on enregistre une tendance inverse pour les insectes d'eau douce, qui auraient connu une augmentation de 11,3 % par décennie. Ces dynamiques contrastées n'empêchent nullement que des études ciblées soient nettement plus alarmistes. Ainsi, la revue Plos One a publié en 2017 un article faisant état d'une chute de 78 % des populations d'insectes dans les prairies en Allemagne en dix ans – diminution d'une extrême rapidité que les données disponibles pour la France, malheureusement, confirment. Une autre évaluation, fondée sur le suivi de dix-sept espèces, montre que le nombre de papillons de prairie en Europe a baissé de 49 % entre 1990 et 2017.

Et puis, il y a des discussions passionnées autour d'un phénomène désormais bien documenté : l'effondrement des colonies d'abeilles domestiques et sauvages. Partout dans le monde, les apiculteurs constatent, au sortir de l'hiver, que 30 % des abeilles ont disparu, souvent sans que leurs cadavres ne soient présents dans la ruche, ce qui ressemble au point de départ d'un bon roman policier. Suspects numéro un, les insecticides à base de néocotinoïdes. Ces derniers attaquent le système nerveux de l'abeille, qui se retrouve incapable de retourner à sa ruche et meurt dans les champs. Les autres pollinisateurs, comme le bourdon, dont l'activité est également importante pour notre propre chaîne alimentaire, entre autres pour les arbres fruitiers à fleurs, subissent les mêmes vagues de disparition.

Aux premières loges de l'observation de ces phénomènes, les entomologistes ont forgé un néologisme pour attirer l'attention du public : depuis les années 2010, nous serions en train d'assister, impuissants, à un « insectageddon ». Ce serait déjà l'Apocalypse chez les six-pattes !

Que change cette contraction des populations animales, cette lacération du tissu du vivant sur toute la surface du globe, du point de vue de la sensibilité, de notre condition esthétique ?

Dans un beau passage de *Manières d'être vivant* (2020), le philosophe Baptiste Morizot rapporte une excursion qu'il a faite dans le Vercors, où il réside. Avec sa compagne, ils avaient passé une journée d'hiver à marcher dans les forêts enneigées puis atterri dans l'un de ces refuges, non gardés, où un nécessaire de cuisine et quelques châlits sont laissés à disposition des randonneurs. Ils y rencontrèrent d'autres promeneurs, partagèrent un repas, quelques verres, des conversations triviales, après quoi Baptiste et son amie décidèrent d'aller faire un tour pour finir leur vin blanc et retrouver le calme. Soudain, « un hurlement de loup parfait » retentit. Baptiste, qui a appris à *parler loup* lors de ses nombreux pistages, lui répondit en imitant les modulations et la trame de ce hurlement. Le loup se remit à chanter, suivi par un deuxième, un troisième, et enfin par toute la polyphonie des louveteaux nés dans l'année. Cet échange impromptu achevé, Baptiste Morizot et sa compagne rentrèrent au refuge, où ils trouvèrent une atmosphère changée : « Au bord du poêle, les experts de la montagne, qui auparavant dissertaient sur la forme des flocons ou les mérites de leurs skis, bégaient comme des enfants et, par une étrange alchimie qui m'échappe encore, les gens se disent merci, comme si nous nous étions donné quelque chose, et puis ils rient en prenant la mesure que personne parmi nous n'est l'auteur du don.»

Il y a là une disposition anthropologique nouvelle, et profonde : à mesure que les contacts avec l'animal sauvage se raréfient, nous éprouvons envers lui, lorsqu'il s'adresse à nous, de la gratitude. Peut-être cette envie de le remercier est-elle augmentée par la dette morale abyssale que notre espèce a contractée envers les autres. Compte tenu de ce que nous leur faisons subir, ils devraient à tout le moins se détourner de nous, nous fuir, nous considérer comme des nuisibles et refuser le dialogue. C'est que nous avons été de mauvais partenaires de planète; nous avons pratiqué le meurtre et la mise en cage en grande série. Et pourtant, le loup, dont Baptiste Morizot laisse entendre qu'il n'est pas dupe, qu'il saisit bien que la voix qu'il entend dans la nuit n'est pas tout à fait lupine, mais qui cherche à savoir à qui il a affaire, a accepté de renouer une relation diplomatique.

Ces dernières années, tant en éthologie ou en théorie évolutionniste qu'en philosophie, les parutions de livres sur les animaux se sont démultipliées – il y a de quoi remplir des bibliothèques entières. Outre *Les Diplomates* (2016) ou *Manières d'être vivant* de Baptiste Morizot, qui comptent parmi les meilleurs ouvrages du genre, il faut compter avec le *Manifeste des espèces compagnes* (2003) de Donna Haraway, *Le Singe en nous* (2005) de Frans de Waal, *Le Versant animal* (2007) de Jean-Christophe Bailly, *Insectopédie*

(2010) de Hugh Raffles, *La Sixième Extinction* (2014) d'Elizabeth Kolbert, *Le Prince des profondeurs* (2016) de Peter Godfrey-Smith, *La Panthère des neiges* (2019) de Sylvain Tesson, *Zoocities* (2020) de Joëlle Zask, *Habiter en oiseau* (2019) ou *Autobiographie d'un poulpe* (2021) de Vinciane Despret, et j'arrête là cette liste subjective et non exhaustive. C'est notre manière, paradoxale, de réagir à la disparition des animaux sauvages : nous tentons de nous réapproprier par la connaissance, par l'effervescence littéraire et intellectuelle, ce qui est en train de s'absenter de notre monde. Comme si notre pouvoir de spéculation, notre goût pour la production de discours étaient secrètement aiguillonnés par le deuil, le sentiment du tragique et de l'irrémédiable. Comme si la pensée était, en nous, une faculté compensatoire, jamais si active que lorsque quelque chose vient à faire défaut dans le présent.

J'aime ce genre de livres, j'en suis l'un des nombreux lecteurs et cependant, je me dis parfois non sans mélancolie que nous faisons, avec nos librairies, un peu comme dans nos chambres d'enfant : nous les remplissons d'ours et de lapins en peluche, de figurines Schleich dont la précision de la gravure et des couleurs n'a rien à envier aux planches de zoologie du XIXe siècle, d'albums racontant les aventures de héros zoomorphes, alors même que, concrètement, au quotidien, nos enfants ne côtoient presque plus aucun animal vivant, excepté les canards du square et le chat de leurs grands-parents. Pour nos enfants comme pour nous-mêmes, nous construisons les supports d'un imaginaire animal, une bibliothèque-bestiaire, mieux, nous élaborons des relations fabulées avec les bêtes sauvages, alors que, simultanément, par des moyens directs ou non, nous procédons à leur extermination systématique. On pourrait ironiser en appelant cela le *syndrome de Babar*.

Mais peut-être est-ce dans notre nature, tordue, de *prédateur empathique* : *Homo sapiens* semble avoir toujours été un bon chasseur dans l'exacte mesure où il est capable de se mettre à la place de sa proie et d'anticiper les réactions de cette dernière, ses mouvements de fuite. Ainsi donc, du point de vue de la sensibilité, le XXIe siècle nous offre le tableau paradoxal d'une humanité qui, pour une large part, se sent gonflée d'amour, de compassion et d'intérêt pour les animaux, alors qu'elle achève des opérations de massacre d'une ampleur sans précédent.

Dans le roman post-apocalyptique *La Route* (2007) du romancier américain Cormac McCarthy, un père marche avec son fils à travers un monde en cendres. L'air est devenu presque irrespirable, la mort recouvre le paysage et les rares humains survivants sont réduits à l'état de hordes, s'entretuant pour les derniers vivres disponibles. À un moment, l'adulte et l'enfant ont ce dialogue poignant :

> «Tu sais où on est Papa ? dit le petit.
> Plus ou moins.
> Comment plus ou moins ?
> Eh bien. Je crois qu'on est à peu près à trois cents kilomètres de la côte. À vol d'oiseau.
> À vol d'oiseau ?
> Oui. Ça veut dire en se déplaçant en ligne droite.
> On sera vite là-bas ?
> Non. Pas si vite que ça. Assez vite. On ne se déplace pas comme volent les oiseaux.
> Parce que les oiseaux n'ont pas besoin de suivre les routes ?

Oui.
Ils peuvent aller n'importe où ils veulent ?
Oui.
(...)
Ils pourraient voler jusqu'à Mars ou un endroit comme ça ?
Non. Ce ne serait pas possible.
(...)
Ils restèrent un long moment assis par terre. Ils étaient assis sur leurs couvertures pliées et surveillaient la route des deux côtés. Pas de vent. Rien. Au bout d'un moment :
Il n'y a pas d'oiseau, dit le petit. N'est-ce pas ?
Non.
Seulement dans les livres.
Oui. Seulement dans les livres.
Je pensais bien que non. »

Évidemment, c'est de la science-fiction, une projection du pire – la disparition totale des oiseaux ne signifierait rien d'autre que la fin du monde, ou au moins un épuisement des conditions de possibilité de la poursuite de l'histoire humaine telle que nous la connaissons. Mais sans aller aussi loin, il y a des expériences que, semble-t-il, je ne pourrai pas partager facilement avec mes enfants. Quand j'étais petit, on trouvait des hannetons partout, au bord des mares et des ruisseaux, dans la campagne. Je n'en vois presque plus. Et j'ai le souvenir que, à quatre ou cinq reprises, mon père, se penchant sur une flaque, y avait ramassé un bernard-l'hermite pour me le faire admirer. C'était une petite créature vraiment chétive, dont les pattes ressemblaient à de maigres brindilles sortant d'une coquille surdimensionnée. Eh bien, j'ai eu beau scruter à mon tour les flaques, les surveiller, je n'ai jamais pu montrer aucun bernard-l'hermite à mes enfants – parce qu'il n'y en a plus. Et c'est l'une des dimensions les plus déstabilisantes de l'extinction animale. Nous allons être obligés d'expliquer régulièrement, aux nouvelles générations, que tel ou tel être qui nous était familier est porté disparu, à l'image du fameux dodo de Madagascar éteint dès le XVIe siècle. Seulement dans les livres. Oui. Seulement dans les livres.

Anatomie de la rencontre

Pour la majorité d'entre nous, qui n'avons que de maigres connaissances en biologie ou en éthologie, l'animal sauvage, lorsque nous le rencontrons, n'appartient à aucune classification, nous ne savons pas le nommer ni lui appliquer aucune grille de lecture. Il surgit devant nous comme une *forme libre*, qui sort de manière imprévisible des profondeurs du paysage pour y replonger aussitôt. Soyez sincères : combien d'oiseaux êtes-vous capables de reconnaître à coup sûr ? Combien de coléoptères ? De papillons ? Même si nous aimons bien lire des manuels ou des albums de science naturelle illustrés, nous ne mémorisons guère les connaissances qui y sont stockées. Pour la simple raison qu'un tel savoir ne nous est d'aucune utilité pratique : si nous ne sommes ni chasseurs ni agriculteurs, nous n'avons aucune occasion de le mobiliser au quotidien, et par conséquent nous l'oublions, comme une langue que nous aurions plaisir à étudier mais que nous ne parlerions jamais.

Voilà qui nous confronte à un autre paradoxe. La vue de l'animal sauvage, lorsque nous nous promenons en forêt ou en montagne, lorsque nous plongeons en apnée avec un tuba et un masque, est une expérience esthétique intense, elle illumine une heure ou une journée. Et pourtant, elle se produit dans un climat d'ignorance et d'indétermination, elle reste dans le brouillard. Nous avons peu de mots pour la décrire ou de moyens d'en déployer le sens. C'est pourquoi, plutôt que d'essayer de compenser cette *inculture du vivant* dans laquelle nous nous trouvons très majoritairement par un déballage de connaissances – fascinantes mais destinées à être rapidement oubliées –, je voudrais essayer maintenant de qualifier les traits fondamentaux de la rencontre avec l'animal, telle que nous la vivons réellement, dans sa naïveté.

D'abord, cette rencontre est un événement qui tire pour nous en partie sa valeur de sa *rareté*. Et comme cette dernière s'accroît à mesure qu'avance l'extinction des espèces dont je viens de dresser le tableau, la joie que nous éprouvons à trouver sur notre chemin une « vraie bête » tend également à augmenter.

Une seule fois dans mon existence, j'ai croisé un chat sauvage. Je m'en souviens comme si c'était hier, c'est l'une des visions qui m'a le plus marqué. C'était à l'époque où je sillonnais à vélo les collines de Saône-et-Loire. Un jour, en gravissant la départementale en lacet, très peu employée par les voitures car malcommode, qui s'élève au-dessus de la carrière d'Igé puis redescend vers Cluny, alors que j'étais sous un couvert de sapins, je *l'*ai vu jaillir d'un talus. *Lui* – c'était une flamme jaune qui courait sur le goudron mal dégrossi. Il évoluait sur ce sol rugueux qui m'aurait écorché les mains avec autant de fluidité que s'il nageait, que s'il volait. Il avait quelque chose d'insaisissable aussi, comme le pompon qu'on agite au-dessus de la tête des enfants dans les manèges. Imprudence ou arrogance, il se mit à tracer droit devant, dans l'axe de ma trajectoire, presque sous ma roue – alors qu'il aurait pu facilement m'éviter en regagnant le fossé puis la forêt. Je ne compris pas tout de suite qu'il ne s'agissait pas juste d'un gros chat domestique échappé d'une maison voisine. Mais il était bien trop puissant, de la taille d'un lynx. Et surtout, comme dans les dessins que j'en avais vus, il avait la queue épaisse et tigrée, en forme de polochon. À cette époque je parcourais en pédalant 150 à 200 kilomètres par semaine, pourtant c'était la première fois que je croisais cet animal, je ne savais même pas qu'il y en avait dans la région. Et je n'en ai jamais revu depuis. C'était… il y a dix-huit ans.

La seconde caractéristique de ce type de rencontre est sa *brièveté*. Cela fait même enrager les enfants. « Oh, regarde, tu as vu ? Un écureuil ! » L'enfant tourne la tête. Il l'a manqué. Il se met en colère. L'adulte cache et tempère son propre dépit, mais il sait que les secondes sont précieuses. Quand l'animal se profile dans le champ de vision, c'est comme si un compte à rebours s'enclenchait. Par certaines conduites, nous tentons de prolonger le délai de grâce, par exemple en nous immobilisant ou en marchant sur la pointe des pieds, en ne pipant mot, en faisant taire les autres d'un geste de la main impérieux, en retenant notre souffle. Parfois également, nous émettons des onomatopées, du genre « mui-mui » ou « mui-tsui-tsui », pour endormir la méfiance de l'animal ou même amorcer un échange. Mais ces stratagèmes se révèlent la plupart du temps impuissants. L'animal, dès qu'il nous aura aperçus, s'enfuira. Et s'il reste en arrêt, ce n'est pas dans le but de nous laisser venir à lui, mais simplement pour connaître nos intentions et parce que le mouvement de fuite, durant lequel il nous tournera le dos, le rendra vulnérable. Il est là, mais en sursis. Il va décamper, mais choisir son instant.

L'animal est donc pour nous le fugace, l'éclair, la disparition différée. Sans doute y a-t-il quelque chose d'une semblable évanescence dans les gestes que l'on cherche à saisir, chez l'autre, lorsqu'on est amoureux – c'est ce battement de cils, ce pli qui se forme à la base de la nuque lorsque la tête se tourne, cette hésitation de la main sur le bord de la table qui nous ravissent. La journée de l'amant est ponctuée de ces observations furtives, ces espèces de clignotement de l'expressivité corporelle de l'autre. Bien que nous représentions objectivement une menace pour l'animal, que l'intérêt que nous lui portons soit celui, ambigu, d'un carnivore, il nous fait battre le cœur, nous cherchons à attraper quelque chose de son être rien qu'à la manière dont nous le regardons.

Nous sommes habillés, ils sont nus. Cette évidence de la *nudité* animale dresse entre eux et nous comme une paroi de verre ; nous n'habitons pas le même versant du monde. Notre peau s'est déshabituée du contact direct avec les éléments. La plante de nos pieds s'est attendrie. Notre corps civilisé a besoin de protections de toutes parts – contre le froid, contre l'humidité, contre la boue, contre le vent, contre le soleil… Tant que nous nous blottissons dans nos villes, nous ne nous rendons pas compte de notre fragilité, de notre infirmité. Ce n'est pas l'animal qui est bizarre d'être nu, c'est nous qui nous sommes détachés du milieu ambiant.

Mais au-delà de notre inadaptation acquise à la vie en plein air, l'affaire a pris aussi une tournure morale. Apparaître sans nos vêtements est pour nous une épreuve, car il nous faut vaincre notre pudeur – et si nous n'éprouvons pas la moindre appréhension, que nous trouvons plutôt agréable de nous montrer *à poil* devant nos congénères, c'est que nous sommes tombés dans l'excès inverse, que nous sommes devenus des exhibitionnistes. De même, nous ne savons pas bien où mettre le curseur quand quelqu'un, surtout s'il nous est peu familier, se tient sans aucun vêtement devant nous : devons-nous détourner poliment le regard ou donner libre cours à notre curiosité ? Dans ce cas, serait-ce du voyeurisme ? Les parties génitales, l'anus sont spécialement frappés d'interdit, comme si ces organes étaient intrinsèquement obscènes. Or, cette charge de tabou et de gêne est levée pour l'animal. Cela explique en partie l'impression de souveraineté qu'il nous donne. Là où nous ressentons une foule de réticences et d'empêchements, de règles à la fois tacites et légales, il avance en toute simplicité et assume sa présence physique avec une spontanéité que nous avons perdue.

Et puis, l'animal sauvage nous apparaît moins comme un corps que comme une *silhouette*. On pourrait soutenir que la silhouette est le contraire de l'ombre chinoise, si uniforme, si parfaitement découpée. La silhouette est floue à l'intérieur et sa bordure est tremblante, effrangée. C'est la glissade grise qui passe entre les ronces, les fougères ; le murmure marron-brun chuchoté entre les arbres. La silhouette est un corps en puissance qui ne s'est pas encore pleinement actualisé, qui garde de la virtualité, qui est à la fois absent et présent.

Nul n'a mieux décrit cet entre-deux de la silhouette que Merleau-Ponty, qui note dans sa *Phénoménologie de la perception* (1945) :

« Si j'attends quelqu'un à la porte d'une maison, dans une rue mal éclairée, chaque personne qui franchit la porte apparaît un instant sous une forme confuse. C'est quelqu'un qui sort, et je ne sais pas encore si je peux reconnaître en lui celui que j'attends. La silhouette bien connue naîtra de ce brouillard comme la terre de sa nébuleuse. »

Car la silhouette présente encore ceci de mystérieux qu'elle porte, malgré sa confusion, un sceau, une signature. Est-ce une manière de hausser les épaules, de laisser tomber les bras ou d'écarter légèrement les pieds en marchant qui rend, même dans la pénombre, la silhouette de mon ami si unique pour moi ? Et dans le cas de l'animal, pourquoi nous suffit-il parfois de si peu d'éléments, à peine quelques indices, pour qu'il sorte de l'indéterminé et que nous nous sentions en connivence avec lui ? Ici, c'est une chouette qui s'est envolée en heurtant des branches sèches à travers la charpente d'un buisson ; là, ce sont les ailes d'une chauve-souris qui se détachent du ciel nocturne auquel elles semblent pourtant coller et adhérer, comme si elles en étaient la concrétion élastique ; ou bien, ce sont des feuilles sèches qui ont tinté sous la flèche verte d'un lézard – c'est peu, néanmoins il n'en faut pas plus. La silhouette est un presque-rien qui résume les qualités d'un être.

Cela m'amène à relever une autre modalité de ces apparitions du vivant sauvage, qui est l'*allure*. Le mot est formé sur l'ancien français *aleure*, parent du verbe « aller », et a ceci d'intéressant qu'il associe deux significations distinctes. D'abord, l'allure renvoie à la vitesse : et de fait, la plupart des animaux sont beaucoup plus rapides que nous. En période de chasse, j'ai vu un matin deux sangliers, un gros et un petit, sans doute une hure et son marcassin, traverser mon jardin. La peur les éperonnait puisqu'ils étaient poursuivis par des chasseurs. Ils étaient vraiment lourds et courts sur pattes, mais ils sont passés comme des fusées – je n'aurais pu les rattraper. J'aurais également été incapable de rivaliser au sprint avec les chiens qui ont déboulé quelques minutes plus tard, les babines écumantes, la truffe fourrée dans l'herbe, sur leur piste. C'est que tous les animaux ou presque vont plus vite que nous s'ils le veulent, de la souris au guépard, de l'araignée d'eau au chardonneret, de la salamandre au chamois. Nous nous targuons de faire du sport, de nous entraîner à la course, d'avoir des chaussures conçues exprès pour le running, et à côté d'eux nous collons littéralement au sol, comme si nous habitions l'espace au ralenti, comme si le poids de notre cerveau constituait un handicap.

De plus l'allure, ce n'est pas seulement la vitesse, c'est autre chose, une façon d'être, un ajustement des gestes que nous essayons d'atteindre dans la danse mais avec bien moins de facilité qu'un félin ou une hirondelle. Le propre de l'allure animale, ce qui la rend incomparablement belle, c'est qu'elle nous donne l'exemple d'un *mouvement sans réflexivité*; ils ont une manière de se déplacer et de se servir de leurs membres qui nous paraît enviable en cela qu'elle est libérée des interférences, si nombreuses, produites par la conscience de soi. Dans tous ses agissements l'humain est entravé par ses pensées, par l'esprit critique qu'il exerce sur lui-même et qui ne le quitte pas – et puis, il y a chez lui un décalage entre l'intention et l'action, une propension à rêver et à se trouver dans la lune, qui amènent toute sorte de reprises comiques, d'à-coups, de maladresses, un bavardage non verbal du corps empêtré. Pour se libérer de ces innombrables impulsions adventices, pour reconquérir un mouvement libre, comme en sont capables le sportif de haut niveau ou la danseuse étoile, il faut s'être entraîné longuement, un apprentissage implacable est requis. Ce que nous conquérons au prix de tant d'efforts – une démarche et un maintien gracieux –, l'animal sauvage semble l'avoir en propre et de manière innée. Cela ne veut pas dire qu'il réussit tous ses déplacements. Il lui arrive aussi de tomber, de rater un bond, de se tordre une articulation ou une patte. Mais c'est parce qu'il a mal contrôlé son élan ; quant à nous, c'est le plus souvent que nous l'avons retenu, que nous ne l'avons pas lâché.

Enfin, et ce n'est pas sans rapport avec cette majesté d'allure, l'apparence de l'animal non domestiqué nous séduit en ce qu'elle enveloppe une *intériorité mystérieuse*, et qu'elle en est la manifestation plutôt que l'explication.

Nous savons, par les progrès de la physiologie et des neurosciences, que la plupart des animaux, mis à part quelques exceptions comme les mollusques ou les méduses, sont dotés d'un système nerveux, et parfois également d'un cerveau, certes plus petit en taille, moins développé que le nôtre, mais comparable pour ce qui est de l'organisation neuronale. Beaucoup d'animaux ont donc des sensations et même des états mentaux, cela ne fait guère de doute. Pouvons-nous leur prêter également des pensées ? C'est probable, mais alors il faut se représenter des pensées sans la médiation du langage, et c'est là que le terrain se dérobe. S'il n'y a pas de mots dans le flux de conscience du chevreuil, ou du chat sauvage, sans doute y a-t-il un enchaînement d'images et de sons, de signaux et de pulsions – mais forment-ils des lignes cohérentes ou brisées ? Sont-ils rivés au présent ou s'en émancipent-ils ? Y a-t-il des genres d'imagination ou de spéculation qui opéreraient sans le truchement de notre syntaxe et de notre lexique, de nos opérateurs logiques, de notre capacité d'abstraction ? Incapables de répondre à ces questions, de pouvoir saisir ce que cela fait, vraiment, que d'être une chauve-souris ou un poulpe, nous en sommes réduits à tenter de lire les états intérieurs des animaux grâce aux mouvements extérieurs qu'ils effectuent, comme si ces mouvements calligraphiaient leur pensée dans une langue inconnue sur la feuille chiffonnée du paysage. Et je crois vraiment que c'est là l'un des charmes majeurs de la rencontre avec l'animal en milieu naturel – il détient en son cœur un point de vue original sur le monde. Il y a derrière ses prunelles une béance, un gouffre insondable, aussi vertigineux pour nous que le ciel étoilé, quelque chose comme la présence de l'infini dans le fini.

L'orchestre naturel

Lorsque j'étais enfant, ma mère passait quelquefois sur notre tourne-disque un vieux trente-trois tours vinyle, *Le Chant des baleines*. C'était un enregistrement réalisé par deux chercheurs en bioacoustique, Roger et Kathy Payne, devenu dès sa sortie en 1970 un album culte – mais ça, bien sûr, je n'en savais rien. Nous l'écoutions dans le minuscule salon à moquette bleue de l'appartement où nous vivions tous les deux, où il y avait une colombe azurée de Magritte en poster, et la couleur du tableau comme du sol se mettait à s'échapper des cadres, à se réverbérer et à nous submerger, tandis que ces curieux bruits plaintifs résonnaient entre les murs. À dire vrai, je n'aimais pas trop ce chant des baleines, que je trouvais angoissant comme la profondeur des abysses. Surtout, je détestais la sensation qu'un immense espace froid et liquide séparait ces voix animales les unes des autres, comme si les baleines, loin de poursuivre normalement une conversation entre elles, s'appelaient à des kilomètres de distance, comme si chacune d'elles était isolée, au fond d'un puits d'horreur océanique d'où elle appelait ses congénères à l'aide. Ce chant des baleines était d'une compagnie maussade pour les dimanches après-midi pluvieux où nous ne sortions pas. Je me souviens aussi qu'au milieu de la polyphonie mélancolique des cétacés s'entendaient une explosion sous-marine et le passage d'un canot à moteur, et que ces bruits produits par l'homme créaient une perturbation. Comme des cantatrices outrées qui marqueraient une pause après avoir été dérangées par une toux ou une exclamation grossière, les baleines interrompaient leur lamento, avant de reprendre progressivement.

Né à la fin des années 1960, le projet d'enregistrer des sons en milieu naturel était porté par l'idéalisme du retour à la terre, le goût des ambiances planantes et expérimentales propres à la vague hippie – mais, si quelques majors ont financé des productions ambitieuses, il a fait long feu, les bandes produites ayant été partiellement recyclées dans des disques de méditation ou des compilations pour les halls d'hôtel et les spas. Après un court engouement dont *Le Chant des baleines* marqua le pic, la bioacoustique a décroché du hit-parade.

L'un des rares à avoir insisté dans cette voie est Bernie Krause, un personnage attachant. Guitariste de studio passé à la musique électronique, ayant collaboré avec les Doors ou encore Brian Eno, il a commencé très tôt à sillonner le monde et à recueillir, d'abord à l'aide d'enregistreurs à bobines, puis de minicassettes et enfin d'appareils numériques ultra-performants, les sons des paysages qu'il visitait, constituant patiemment une collection unique en son genre.

La notion de « paysage sonore » (*soundscape*, en anglais) est d'une apparition récente. Le terme a été inventé par le compositeur et bioacousticien R. Murray Schafer en 1977, et le caractère tardif de l'entrée en usage d'un tel concept révèle à lui seul, si on y songe, le primat écrasant accordé à la vision dans notre civilisation. Or, si l'ouvrage pionnier de Murray Schafer, *The Tuning of the World* (littéralement, «l'accordage du monde»), ressemble à un bric-à-brac, une cacophonie inspirée, tantôt scientifique puisqu'il convoque l'ingénierie du son et tantôt poétique ou même doucement dingue, Bernie Krause a apporté un peu de clarté dans ce domaine. Ce dernier propose en effet une distinction simple qui permet d'aiguiser son attention auditive, lorsqu'on veut devenir plus réceptif au chant du monde.

Installez-vous dans le lieu de votre choix. Un bord de mer. Un parc. Une forêt. Le sommet d'une colline. Fermez les yeux. Le paysage sonore risque d'abord de vous sembler un brouhaha, parce que nous n'avons pas l'habitude d'écouter notre environnement – nous prêtons volontiers l'oreille à une voix, à une musique, nous subissons le bruit d'une rue ou le vacarme des voisins, mais nous nous ouvrons très rarement à l'écoute désintéressée des paysages. Une fois que vous êtes calme et concentré, vous pouvez repérer trois couches, explorer trois dimensions du paysage sonore qui s'interpénètrent mais ne se confondent pas. D'abord, il y a la *géophonie*, c'est-à-dire l'ensemble des sons produits par le vent, les intempéries, la pluie, la neige, les ruisseaux, les vagues, les éboulements de pierres, tout ce qui ne vit pas. Ensuite, vient la *biophonie*, c'est-à-dire les sons dus aux vivants non-humains, les oiseaux bien sûr, mais aussi les insectes qui volent et bourdonnent, les chiens, les vaches ou les ânes qui braient au loin, les rongeurs ou les reptiles qui se faufilent dans les herbes. Et puis arrive l'*anthropophonie*, c'est-à-dire les sons propagés par les humains avec leurs cordes vocales, leurs mouvements, leurs pas, mais aussi leurs machines, voitures, camions, tracteurs, klaxons, sirènes, pelleteuses ou marteaux-piqueurs, à quoi s'ajoute l'apport des divers appareils d'amplification, micros ou enceintes.

Cette expérience, facile à mener à l'air libre, peut être reproduite en milieu aquatique. Selon Bernie Krause, dans son essai *Le Grand Orchestre des animaux* (2012), si l'on se donne la peine d'enregistrer les paysages sonores sous-marins avec un hydrophone, on s'aperçoit que chaque côte, chaque baie a sa propre signature ou personnalité acoustique, celle-ci étant liée au relief, à la profondeur, au jeu des courants (géophonie), à la faune sous-marine mais aussi aux algues qui filtrent ou assourdissent les sons (biophonie), et enfin aux passages des bateaux et des nageurs (anthropophonie).

Ce qui est remarquable dans cette affaire, c'est que les différents cris et bruits émis par les animaux dans tous les écosystèmes (bocage du sud de la Bourgogne, savane africaine, bush australien) sont étagés sur l'ensemble du spectre sonore, de telle manière que certains êtres vivants émettent dans les basses fréquences et d'autres dans les hautes fréquences. C'est comme s'il y avait eu, par le libre jeu de l'évolution des espèces, une orchestration parfaite, chaque animal réglant la hauteur mais aussi l'intensité et le timbre de sa voix pour communiquer avec ses semblables en minimisant les interférences avec celles des autres. C'est la raison pour laquelle, quand vous entendez chanter plusieurs oiseaux en même temps, les sifflements ne s'emmêlent pas et chacun reste bien clair, aisé à identifier et à suivre dans sa progression – et le concert des oiseaux, même quand il est à son maximum au printemps, n'empêche nullement d'apprécier par ailleurs le crissement des cigales ou des grillons. En fait, l'orchestration du paysage naturel est plutôt mieux réglée et plus fine que ce que nous parvenons à mettre en place dans nos grands ensembles instrumentaux car, lorsqu'on écoute une symphonie, il n'est pas toujours facile de distinguer les violons et les violoncelles, ou les trompettes et les cors, à moins d'être un professionnel.

Cependant, dans un écosystème dégradé, cette organisation harmonieuse du chant des vivants se désarticule et devient chaotique. Certaines fréquences, qui étaient occupées par des animaux dont le son est puissant, comme par exemple la grenouille, restent inoccupées ou sont investies par d'autres espèces qui vont en profiter pour modifier ou augmenter leur voix. Ainsi, les paysages sonores eux aussi s'abîment et s'étiolent. Bernie Krause cite un collègue à lui qui s'est rendu sur les côtes de la Louisiane, dans le golfe du Mexique, après la marée noire provoquée par British Petroleum en 2010, et en est revenu en affirmant que les vagues qui déferlaient sur les plages souillées par le pétrole produisaient « un bruit de succion, quelque chose de visqueux, de boueux, comme si l'eau étouffait, suffoquait ».

Une telle observation relève peut-être de la projection romantique ; cependant, il ne fait aucun doute que la biophonie est en train, partout sur la planète, de s'appauvrir et de diminuer en variété et en intensité à cause de l'extinction massive des espèces. Quand Bernie Krause a commencé ses travaux en 1968, le monde naturel chantait à tue-tête. Aujourd'hui, dans bien des endroits, il chuchote à peine. Krause a documenté l'historique sonore de certains sites dans lesquels il est revenu à plusieurs années d'intervalle, notamment la forêt de Lincoln Meadow, située dans les hauteurs de la Sierra Nevada. Cette zone, encore préservée au début des années 1980, présentait une belle diversité biophonique, avec des bruants, des corvidés, des pics de Williamson, des bourdonnements d'insectes. La forêt a subi une coupe sélective en 1988-1989. À l'œil, elle n'avait pas tellement changé après cette phase d'exploitation ; mais à l'oreille, elle avait pratiquement disparu. Plus de vrombissements, plus de sifflements joyeux, à peine quelques martèlements de pics subsistants ici et là.

Loin d'être un cas isolé ou une lubie de Krause, ce genre de constatation a permis d'élaborer une méthode assez légère pour mesurer l'effondrement de la biodiversité dans un écosystème. La manière classique de procéder à une telle évaluation est en effet très lourde, tant du point de vue des moyens logistiques que du temps qu'elle requiert : il faut dénombrer les espèces habitant sur le territoire, estimer leur démographie, puis surveiller leur évolution. Or, il est possible de s'épargner ce travail colossal en procédant à de simples enregistrements puis en comparant, à l'aide de logiciels, les spectrogrammes sonores d'un même milieu à des dates différentes. Au fil des ans, on voit les spectrogrammes rétrécir, se déchirer, ce qui fournit une visualisation précise de la disparition des animaux vivant sur place.

Si la biophonie connaît une érosion continue partout dans le monde, ce déclin tend à nous être masqué par la prodigieuse inflation de l'anthropophonie. En Europe, il est devenu rare de se promener en forêt sans entendre le moteur d'une voiture, d'un quad ou d'une tronçonneuse. Et pour peu qu'on habite une zone vallonnée, dans laquelle le son rebondit, le simple passage d'une moto arrose les collines ou les parois des montagnes, empêchant la tranquillité des animaux comme des humains. Le monde autour de nous n'est nullement silencieux, cependant, en réalité, ce qui nous remplit les oreilles, ce n'est plus la mélodie du vivant, mais bien notre propre pollution sonore.

Là où notre civilisation a, dans l'ensemble, négligé la dimension sonore des paysages, au point qu'il n'existe pas vraiment d'*écologie acoustique* en dépit des efforts de Bernie Krause pour sensibiliser le public, les cultures animistes ont emprunté une autre voie. Cela peut s'expliquer par leurs pratiques, car les animistes sont pour l'essentiel des chasseurs. Le repérage et le pistage d'un animal, mais aussi la possibilité de deviner l'approche d'un danger – d'un ours ou d'un jaguar – reposent largement sur le sens de l'audition, la capacité de se tenir à l'écoute du moindre cri ou bruissement inhabituel.

Parmi les rituels du chamanisme, il en est un, pratiqué par de nombreuses populations arctiques et sibériennes, qui porte le nom de « tente sombre ». Voici comment se déroule ce genre de cérémonie : en pleine nuit, le chamane entre dans une tente bien calfeutrée, où l'obscurité est totale. Parfois il invite les participants à s'y installer avec lui, parfois la tente est étroitement ajustée aux dimensions de son corps et il est le seul à y pénétrer. Alors qu'on ne le voit pas agir, l'officiant commence à chanter ou à s'accompagner d'un instrument mais aussi à imiter des bêtes.

L'anthropologue Charles Stépanoff, qui a consacré une lumineuse analyse à cette pratique dans *Voyager dans l'invisible* (2019), rapporte un récit rare, dû à l'ethnologue russe Mihail Shatilov – qui plaida la cause des populations indigènes de Sibérie avant de finir fusillé lors des purges staliniennes. Dans les années 1920, Shatilov a assisté à un rituel dont le niveau de maîtrise et la qualité d'exécution ont presque ébranlé son aplomb de savant. Sous la tente, le chamane a d'abord joué d'une sorte de luth, la *dombra*. Peu à peu, les participants ont eu l'impression que les sons de la *dombra* se déplaçaient, qu'ils ne provenaient pas seulement du lieu où était assis le chamane mais naissaient en différents endroits de la tente, au ras du sol ou sous le toit. Et puis, d'autres clameurs ont retenti :

> «Nous avons d'abord entendu le chant du coucou, cet oiseau prophétique. Son chant mélodieux et doux a résonné assez longtemps dans différents coins de la yourte. Puis sa mélodie triste et tendre fut soudain remplacée par le battement d'ailes d'un immense oiseau et nous avons été saisis par l'imitation talentueuse du rire du hibou : "Hou, hou, hou." (...) Soudain ce sombre tableau fut bouleversé par le cri joyeux et provocant d'un canard qui paraissait avoir été surpris : "Coin, coin, coin." Ensuite, dans le haut du ciel, une grue passa en criant...»

Ce qu'offre le chamane à son public, dans cette mise en scène insolite mais qui n'est pas sans rapport avec ce que nous pourrions éprouver si nous fermions les yeux au cinéma, n'est rien moins qu'un paysage sonore au complet.

La plupart des rituels et pratiques animistes ont pour fonction de créer des liens entre les âmes des humains et celles des non-humains, d'établir des rapports de reconnaissance mutuelle et de proximité qui se montreront d'une importance décisive lors de la chasse. De tels liens se forment à la fois dans le temps du rêve et lors de cérémonies comme celle-ci, où l'obscurité permet d'oublier les enveloppes corporelles des êtres vivants, de ne plus considérer ceux-ci selon leurs différences manifestes, mais d'accéder à une dimension immatérielle – ici, l'espace sonore – où la communication directe d'âme à âme devient possible.

Maintenant, que se passerait-il si l'un des participants au rituel amenait avec lui une lampe torche et l'allumait ? Il est probable que tout le monde constaterait que le chamane est en train de se déplacer agilement sur la pointe des pieds et d'imiter ces cris de bêtes. Le voile d'illusion tomberait. Ainsi, lorsqu'on donne la priorité à la vue, on évolue presque nécessairement dans un monde factuel, matérialiste, où la suggestion est limitée, où il est difficile de se dégager de l'évidence de ce qui est. Mais la valeur du paysage sonore est précisément qu'il nous arrache à l'univers des preuves, qu'il nous invite – comme du reste l'écoute d'un bon disque – à laisser voguer nos pensées, à les libérer des carcans, à voyager dans une dimension plus onirique.

L'animisme consiste à détecter, sentir, supposer des présences dans la nature autour de soi, et à tenter de s'en faire des alliées. Seulement voilà : comme la biophonie des écosystèmes terrestres est en voie d'épuisement, que l'on entend de moins en moins d'animaux, que les paysages de la Terre se résument de plus en plus à des scènes visuelles où retentissent seulement les sons produits par les humains, nous sommes peut-être en train de perdre le support perceptif concret de l'animisme, et avec lui la principale clé d'accès à l'invisible. Ne pas croire seulement ce que l'on voit, ou encore considérer comme réel ce qu'on ne peut pas voir, est chose aisée lorsqu'on est attentif aux paysages sonores, et que ceux-ci sont riches et habités – bien plus difficile sinon. En d'autres termes, une Terre sur laquelle on n'entendrait plus d'animaux sauvages ne manquerait pas de nous paraître sans âme. Largement dépouillée de sa poésie et de son mystère, elle nous condamnerait à une espèce de constante lucidité et à l'abandon des pouvoirs de l'imagination.

“le Bouddha, est la nature

« La préfecture de Fukushima est divisée en trois régions, Hamadôri, Nakadôri, Aizu. Ma ville, Miharu, se situe dans la région Nakadôri. Il y neige moins que dans Aizu mais il y fait moins beau que dans Hamadôri.

Presque plein est par rapport à la centrale Dai-ichi se trouve le mont Otakiné qui culmine à 1 192 mètres. Le nuage atomique produit par la centrale n'a pas réussi à franchir les pentes raides de cette montagne. C'est pourquoi les radiations ont été faibles sur le côté est de ce massif rocheux.

Les montagnes aux alentours sont relativement basses et permettent la cueillette des légumes sauvages au printemps et des champignons à l'automne. Nous sommes nombreux à apprécier le contact avec la nature et nous avons souffert du fait que les taux d'irradiation des légumes sauvages, des champignons ou des poissons des torrents ne baissaient pas.

Depuis l'accident nucléaire, bien des efforts ont été accomplis afin de relancer la production de riz qui était importante dans la région, et ces trois dernières années, notre riz a obtenu la médaille d'or au Concours national du goût. Malgré cela, le riz portant le nom de Fukushima n'arrive pas à se faire reconnaître comme une marque de qualité.

La production de fruits est également abondante, mais depuis l'accident nucléaire les prix se sont effondrés, la distribution n'a plus été possible et les producteurs ont vu leurs récoltes bradées.

Ce sont les prunes séchées qui ont été interdites à la vente durant la période la plus longue, huit années.

Le temple dans lequel je vis a été construit à un endroit choisi selon les principes de la pensée chinoise du feng shui à l'époque de Muromachi, en 1504. Le temple lui-même a une histoire de plus de six cent quatre-vingts ans, mais il a été déplacé et reconstruit à l'endroit actuel il y a environ cinq cents ans. Il repose sur des fondations en forme de fer à cheval. Le cimetière est entouré d'un bois formé de diverses essences d'arbres et de bambous, dans la partie sud il y a aussi un étang. C'est un endroit où la vie est agréable.

Un cerisier pleureur de plus de quatre cent cinquante ans et un peu partout dans la montagne de nombreux cerisiers Yoshino plantés lors de la cinquième année Taishô (1916) attirent beaucoup de visiteurs au printemps.

C'est principalement la volonté des habitants de préserver la nature léguée par les ancêtres qui a fait perdurer l'attention portée à la santé des plantes et de l'environnement. C'est ce qui s'appelle la "circulation de l'air et de l'eau" dans le sol (*tsûki-tsûsui*) : on tente de maintenir une terre dans laquelle s'écoulent bien air et eau. Tant dans l'enceinte du temple que dans le cimetière, on laisse pousser les herbes, grâce à leurs racines la terre est plus souple, l'air et l'eau circulent mieux.

Pour le bouddhisme, la nature est un sujet très important. Shinran, le saint fondateur de l'École Jôdo Shinshû, ou École véritable de la Terre Pure, disait d'ailleurs : "Le Bouddha, est la nature." Et cette nature, cette chose absolue qui dépasse toutes nos représentations, nous la glorifions et lui rendons grâce par les six caractères de la phrase "*Namuamidabutsu*" : "Gloire au Bouddha Amida." L'école zen à laquelle j'appartiens s'attache à une transformation de la conscience par répétition et accumulation des actes, c'est-à-dire que l'on considère que ce que l'on arrive à faire inconsciemment est une "extension de la nature".

Tant dans le bouddhisme que le shintoïsme, la nature est un sujet essentiel et le shintoïsme en particulier peut être, il me semble, décrit comme une religion qui, tout en insistant sur la frayeur que provoque l'incommensurable puissance de la nature, est reconnaissante envers ses bienfaits. Dans la mythologie japonaise on trouve par exemple un dieu, rare ailleurs dans le monde, du cratère de volcan *(Oonamuchi no kami)*.

J'ai le sentiment qu'avec le grand séisme de l'est du Japon et l'accident nucléaire nous avons de nouveau pris conscience du prodige de la nature, en même temps que nous éprouvions douloureusement la vanité des actes humains. Je pense que c'est une prise de conscience qui se reproduit tout au long de l'histoire des Japonais.

Le 11 mars 2011, j'étais sorti dans la ville de Miharu et c'est en retournant au temple que j'ai été stupéfait devant le terrible spectacle. Sur la route il y avait de nombreux carambolages, pour la première fois de ma vie je voyais des poteaux électriques se tordre et les lignes électriques se détendre.

Quand j'ai réussi à atteindre le temple, on ne pouvait plus marcher pieds nus sur les tatamis. Le bâtiment dans lequel se trouvent la salle principale et les dépendances a plus de deux cents ans et c'est plus de deux cents ans de poussière accumulée dans les combles qui s'étaient répandus sur le sol...

La préfecture a semble-t-il demandé à chaque ville et village le nombre de réfugiés qu'il leur était possible d'accueillir. La ville de Miharu aurait répondu être en capacité de recevoir environ 800 personnes mais, la première nuit, plus de 3 000 réfugiés sont arrivés dans de grands bus.

Certains temples ont servi de lieux de refuge dans les régions touchées par le raz de marée, mais dans Nakadôri ce sont surtout les gymnases, salles de réunions publiques et autres bâtiments administratifs qui ont été utilisés. Personnellement, je suis allé plusieurs fois dans les divers refuges aux alentours du temple pour apporter nos stocks de couvertures et de bouteilles thermos. Au bout d'un mois environ, j'ai pensé qu'il devait y avoir des personnes ayant envie de lire, alors j'ai fait appel à quelques éditeurs que je connaissais, qui ont accepté d'apporter leur soutien, et je me souviens avoir apporté dans les refuges les livres que j'avais reçus, ainsi que des imperméables en plastique.

J'ai eu des appels d'amis et de connaissances d'un peu partout ; beaucoup me proposaient d'aller me réfugier chez eux, loin de Fukushima. Ma femme est originaire d'Osaka et nous avons eu de nombreuses invitations provenant de cette région. Mais on approchait de l'équinoxe de printemps et des cérémonies bouddhistes de Higan, cette période de visite aux tombes des ancêtres à laquelle les habitants d'ici sont très attachés. J'avais déjà préparé les *sotoba* (plaques votives en bois que l'on dépose sur les tombes) qui m'avaient été commandées. Malgré les annonces radio de l'administration en cas de sinistre, qui répétaient d'"éviter les déplacements ni urgents ni nécessaires", "en cas de déplacement absolument nécessaire, portez un chapeau et un masque ainsi que des vêtements à manches longues", de nombreuses familles inscrites au temple venaient me voir pour récupérer les plaques votives.

Pour le cas où il faudrait évacuer, j'avais préparé, à l'entrée du temple, de l'eau et des provisions de première nécessité faciles à transporter dans ma voiture. Mais je me suis finalement résolu à ne pas quitter les lieux tant que des gens viendraient au temple et, en fait, une fois cette décision prise, je me suis senti moins stressé.

Quand on vit à Fukushima, on ne peut que regretter que de justes connaissances concernant la radioactivité ne soient pas partagées dans tout le pays, voire dans le monde. Selon ce qui semble être un principe de l'ICRP *(International Commission on Radiological Protection)*, il serait préférable de ne pas informer les gens des variations de niveaux de radiation qui n'ont pas d'effet sur la santé. Mais nous, les habitants de la préfecture de Fukushima, nous aimerions savoir quels sont les endroits dans le pays où les radiations sont les plus élevées et de quel ordre elles sont, voire même, nous voudrions disposer d'un tableau complet des taux de radiation dans chaque partie du pays. Ce genre d'informations aurait pu éviter des inquiétudes superflues.

En fait, j'ai mesuré la radioactivité dans l'enceinte du temple. Au plus haut, les radiations dans l'air étaient de 0.4µSv par heure, ce qui correspond à la radioactivité actuelle devant la gare de Kyoto, et j'ai été consterné quand j'ai appris qu'elle était inférieure à celle du centre-ville de Kobe.

Le point essentiel de cette épreuve est que les radiations ne sont pas perceptibles par nos sens. Ce manque d'organe sensoriel susceptible de déceler le danger des radiations fait qu'on se trouve face à un événement qui ne s'était sans doute encore jamais produit dans l'environnement naturel. Normalement, si nous y prêtons une certaine attention, nous sommes capables de sentir un danger pour le corps humain, mais ce n'est pas le cas pour la radioactivité.

En réalité, des situations dans lesquelles quelque chose est beau mais dangereux, bon mais dangereux, rafraîchissant mais dangereux, nous en connaissons, face à la nourriture ou dans l'environnement. Mais dans le cas présent on ne peut pas sentir le danger avec ses propres organes, on en est réduit à devoir utiliser une machine pour prendre des mesures et se faire un avis sur la base des chiffres obtenus.

Pour les nombreuses personnes qui connaissent des affections mentales telles que la dépression, et qui se soignent en portant une attention particulière aux sensations, il n'y a pas de pire situation que celle où ce qui est ressenti perd sa signification. Parmi les personnes enregistrées dans mon temple, rien que durant les mois de mars et avril 2011, six se sont suicidées. Cela n'était jamais arrivé par le passé et je pense qu'une situation dans laquelle il ne faut pas faire confiance à ses propres sensations peut devenir insupportable.

Personnellement, en rédigeant des rapports sur ce qui se passait sur place, ou en écrivant des romans, j'ai le sentiment d'avoir à peu près pu me protéger, mais au fond je n'en suis pas certain. »

– Genyû Sôkyû, moine zen et écrivain japonais.

“profiter du jour présent

« Notre communauté, ici à Ivujivik, le village le plus septentrional du Québec, occupe une surface d'environ 1 km^2. Nous sommes environnés par la toundra. Il y a toujours au moins un peu de neige, à longueur d'année. Les pierres alentour sont très visibles, car il n'y a pas grand-chose qui parvienne à pousser par ici.

Nous avons la chance de nous trouver dans une aire qui retient le froid durant le printemps grâce à l'influence des courants maritimes, si bien que nous ne sommes pas autant affectés par le réchauffement climatique que d'autres lieux arctiques. Mais l'hiver arrive toujours plus tard et nous ne pouvons plus nous rendre sur les îles voisines, la glace qui couvre la mer n'est plus assez épaisse.

Au temps de mon grand-père, Ivujivik ne recevait jamais la visite des caribous. Mais nous en avons beaucoup aujourd'hui, qui remontent jusqu'à notre communauté puis refont tout le chemin vers le bas, jusqu'à Puvirnituq.

Les ours polaires aussi sont en difficulté, car ils chassent principalement les phoques. Or, les phoques ont besoin de glace et de neige pour protéger leurs bébés. Moins de glace, et c'est la population des phoques qui diminue tandis que les ours errent, affamés.

La magie des lieux a été un peu éclipsée par l'essor des constructions et les nouveaux besoins qui l'accompagnent. Notre communauté aime la nature, mais nous n'avons jamais réussi à résoudre la question des déchets, et nous tendons simplement à empiler les choses.

Cependant, j'essaie de profiter du jour présent, comme j'en profitais par le passé. Je suis sorti hier avec mon chien, j'ai brisé la glace car le printemps arrive, et j'ai aimé cela. »

– Thomassie Mangiok, habitant du Nunavik, Canada.

4

Comment le réchauffement climatique fait fondre l’esthétique d’Emmanuel Kant

Des cigales en hiver

J'étais dans mon jardin, en Bourgogne. C'était la mi-mars. Vers dix-huit heures, je suis allé m'asseoir au bord de la table en fer rouillée, posée sous un tilleul, qui m'offrait une vue sur les collines courant jusqu'au pays de Loire. La lumière commençait à se mieller, les ombres des Douglas à s'étirer sur le pré à vaches qui s'étend de l'autre côté de la clôture barbelée. Prévoyant, j'avais apporté avec moi un décapsuleur et une bière. Les enfants jouaient dans leur chambre, j'avais travaillé toute la journée et comptais bien me siroter cette triple belge tranquille en assistant au déclin du soleil. Seulement, il y avait une anomalie. J'entendais quelque chose qui n'avait pas lieu d'être et, comme la cause d'une telle perception me semblait impossible, je ne m'avouais pas qu'elle était réelle.

Au bout d'une dizaine de minutes, je dus me rendre à l'évidence : des cigales chantaient. Des cigales en Saône-et-Loire, alors que ce n'était pas encore le printemps. 46,2° de latitude nord. Cette région, je la connais intimement, j'y ai passé plusieurs années au début du siècle. Et jamais, même au cœur de la canicule de l'été 2003, qui n'était que le prélude d'une série de vagues de chaleur extrême qui ont rythmé notre existence depuis lors, quand le ciel couleur de zinc accablait les vignes de sa sécheresse, que les herbes des champs étaient devenues blondes comme des Suédoises, que la terre rouge prenait une dureté rêche de gravats, je n'y avais entendu de cigales. Ce n'était pas l'effet de la bière, à peine entamée. Je n'avais aucun trouble auditif, ne souffrais pas d'acouphènes. Ce n'était pas la soufflerie de mon ordinateur ni de mon imprimante qui m'avait logé une rémanence sonore au creux de l'oreille. Non, j'entendais correctement. Nous étions en 2020. Et bien sûr, la cymbalisation – c'est le nom scientifique du crincrin – était agréable.

C'était le plus dérangeant de l'affaire. Je prenais plaisir à la tiédeur de l'air, à la douceur des rayons du soleil couchant, mais aussi à cette mélodie, à ce chevauchement de violons entrecoupé de cordes pincées qui ressemblait à une irruption intempestive de la Provence. En fermant les yeux, j'aurais pu me croire en vacances. C'était délectable autant qu'effrayant. J'avais déjà rencontré ce genre d'ambivalence auparavant, par exemple en prenant un café en terrasse, en bras de chemise, fin octobre, à Paris. Depuis plusieurs années, l'été indien ne m'apparaissait plus comme une délicieuse exception, mais comme un rendez-vous, une prolongation attendue des langueurs estivales. Mais en milieu urbain, on ne sait pas à quoi s'en tenir, on a affaire à un microclimat. Il y a les pots d'échappement, le bitume dont le rayonnement thermique se prolonge tard dans la nuit, et surtout l'entassement des machines, des humains ; si la météo est absurde, c'est que le milieu citadin est déréglé, qu'il bat son propre pouls, éloigné des cycles naturels mieux dessinés. Or cette fois-ci, pas question d'accuser la grande ville ni de se blottir dans le déni. Je n'étais pas dans une rue passante, mais au milieu des champs et des forêts. La montagne Sainte-Victoire se trouvait à 350 kilomètres, mais le réchauffement climatique avait produit son effet : l'aire de répartition des cigales était franchement remontée vers le nord. Par comparaison avec la circonférence de la Terre – 40 008 kilomètres sur l'axe nord-sud – la distance n'était pas considérable, un tel déplacement d'espèce n'était peut-être pas dommageable. Mais dans mon expérience immédiate, c'était vertigineux, cela ressemblait à une folie.

Je laissais courir mon imagination. Si, d'ici quelques années, des ibis venus d'Afrique du Nord, et même des perroquets, tant qu'on y était, s'établissaient dans ce même jardin, comment réagirais-je ? Sans doute serais-je terrorisé comme les protagonistes de *L'Étoile mystérieuse* (1942), ce prophétique album de Tintin où l'on voit Bruxelles subir une fournaise provoquée par un mystérieux astéroïde, tandis qu'un savant halluciné, Philippulus, parcourt les rues en frappant un gong portatif : « C'est le châtiment !... Faites pénitence !... La fin des temps est venue !... » Cependant, en détachant mes pensées de l'obsession de la catastrophe, du fantasme d'une apocalypse imminente, j'aurais sans doute plaisir à être entouré de perroquets multicolores et à essayer de leur enseigner quelques paroles. De plus mes enfants, moins encombrés de préjugés, qui ne savent pas à quoi devrait ressembler le monde et ne boudent jamais leur joie pour des motifs abstraits, seraient à coup sûr réjouis de voir la Bourgogne peuplée de perroquets, d'ibis et de flamants.

Tel est bien le trouble auquel nous confrontent le réchauffement climatique, mais aussi tous les lieux malmenés par les activités humaines et la pollution : si j'aime ce que je perçois – aujourd'hui le chant des cigales, demain les perroquets –, je m'en veux aussitôt. Il n'y a plus d'admiration sans arrière-pensée. Apprécier esthétiquement un paysage c'est, désormais, faire preuve de relâchement, c'est avoir la légèreté de prendre la nature pour un simple spectacle ou le cadre idéal de nos loisirs, sans voir au-delà de ces satisfactions égoïstes, sans se soucier des menaces qui pèsent sur elle. Quand on se trouve au chevet d'une grande malade, la gravité ne serait-elle pas de mise ?

Le beau fait-il bon ménage avec le bien ?

De façon révélatrice, le problème du réchauffement climatique, sur lequel les spécialistes d'écologie de tous les pays ont les yeux braqués, n'a pas été beaucoup exploré sous l'angle du sensible. Ce phénomène bouleverse notre manière de regarder le ciel, de suivre les bulletins météo et de surveiller les écarts de température, d'éprouver les cycles saisonniers, il exerce une influence majeure sur la flore et la faune autour de nous, et cependant il n'existe pas, à l'heure actuelle, d'*esthétique du réchauffement climatique.*

En première analyse, je serais prêt à soutenir qu'il est en train de créer une sorte d'inversion des préférences entre les saisons. Dans mon enfance, j'aimais sincèrement l'été et redoutais l'hiver. Quant à l'automne et au printemps, je les traversais comme de simples phases de transition, trop pluvieuses ou maussades, à l'identité mal assurée. Désormais l'été, avec ses vagues de chaleur violentes, est en train de devenir une source d'inquiétude et de mal-être. On sait qu'il sera accompagné de journées assommantes, de nuits où le sommeil est gêné par la température, à moins d'avoir la climatisation. Quant à l'hiver, sa rigueur invitait à la discipline personnelle, au retranchement dans les intérieurs, à une espèce de stoïcisme cosy, et désormais, cette saison si implacable manque de caractère, c'est elle qui paraît fragile, morcelée, transitoire, avec des coups de froid peu énergiques, des couches de neige transparentes et vite transformées en boue, des flaques d'eau qui ne gèlent plus. Par comparaison, le printemps et l'automne sont bien plus agréables et voient leur blason redoré, ce sont des saisons d'équilibre et de lumière.

Le réchauffement climatique est également en train de modifier nos préférences géographiques, me semble-t-il. Dans mon enfance, le Sud faisait rêver, les lieux où l'on aspirait à voyager, si du moins on en avait les moyens, étaient l'Andalousie et la Sicile, l'Afrique du Nord. Aujourd'hui, les noms des localités mêmes – Cordoue, Palerme, Agadir… – ont des relents de four. À leur simple énonciation, on sent déjà une poussière sèche nous entrer dans les narines, la transpiration rincer notre tee-shirt. À l'opposé, la Scandinavie et le Danemark sont devenus attirants. La théorie du milieu a certes des limites, mais il me semble que l'extraordinaire attractivité actuelle des cultures d'Europe du Nord – qu'on pense au succès des polars suédois, du cinéma de Thomas Vinterberg ou de Ruben Östlund, le réalisateur de *The Square* (2017), des romans de Karl Ove Knausgård ou du design néerlandais – est largement explicable, au-delà des talents individuels, par le fait qu'elles appartiennent à un espace où l'on a désormais envie de se projeter mentalement. Ces pays nous paraissaient hostiles, en bute à un climat rébarbatif ; leur fraîcheur nous fait à présent rêver, ainsi que leurs feuillages toujours verts et leurs prés humides de rosée même en août.

Ces quelques observations montrent que l'influence du réchauffement climatique sur nos catégories esthétiques mérite un examen plus poussé. L'une des rares philosophes à s'être sérieusement penchée sur le sujet est Emily Brady, professeure à la Texas A&M University, qui a publié en 2014, dans la revue *Environmental Values*, un article pionnier intitulé «Valeur esthétique, éthique et réchauffement climatique». Elle y propose une expérience de pensée stimulante.

Supposez qu'une barrière corallienne ait été dévastée par l'acidification des océans. Là où des poissons colorés et des requins nageaient parmi les coraux vermeils, où des anémones et des plantes aquatiques dansaient dans les courants, ne subsistent plus que des formations blanchâtres – le squelette de la barrière morte – se dressant dans les eaux azurées.

Un plongeur arrive, qui ne connaissait pas les lieux auparavant. Il est jeune, n'a que vingt ans à peine, pas la moindre connaissance en océanographie ni en écologie. Avec son masque et son tuba, il circule au milieu de ces structures inertes. En proie à la surprise et au ravissement, il a l'impression de visiter une architecture engloutie. Les rayons du soleil, filtrés par les vagues, font courir des ombres sur les reliefs de ces curieuses roches pâles dont il ignore les conditions de formation. Lorsqu'il ressort de l'eau, ce plongeur novice a la conviction d'avoir découvert un site d'une beauté inouïe.

Le lendemain survient un deuxième plongeur qui, lui, a passé son enfance sur ce littoral, et qui connaissait la barrière corallienne avant, quand elle grouillait de vie. Pour ses études, il est parti vivre à l'étranger, le voilà de retour après vingt ans d'absence. Lui aussi enfile palmes, masque et tuba. Mais à peine s'éloigne-t-il du rivage que la vue des fonds le consterne. Il a le sentiment qu'une terrible catastrophe a eu lieu; c'est comme dans ces cauchemars où l'on déambule dans une grande ville, mais où il n'y a plus personne dans les rues, parce qu'ils sont tous morts. Le deuxième plongeur doit lutter contre la tristesse et l'effroi qui l'envahissent et, après avoir regagné la plage, il reste de longues minutes prostré. Ce spectacle lui a paru terne, sordide, d'une laideur révoltante.

Lequel de ces deux plongeurs est dans le juste ? Lequel a une évaluation esthétique correcte du paysage sous-marin ? L'enjeu est ici, comme le souligne Emily Brady, que les « caractéristiques perceptives » sur lesquelles se fondent l'avis de l'un et de l'autre sont exactement les mêmes.

Cette expérience de pensée est un défi lancé à la philosophie esthétique moderne, dont les bases ont été posées par Emmanuel Kant dans la *Critique de la faculté de juger* (1790).

Selon Kant, « quand la question est de savoir si quelque chose est beau, on ne veut pas savoir si nous-mêmes ou quelqu'un d'autre portons à l'existence de cette chose ou même pourrions lui apporter un intérêt, mais comment nous l'apprécions lorsque simplement nous la considérons ». Quand je juge des qualités esthétiques d'un objet ou d'un paysage, je dois me montrer complètement désintéressé – et oublier les notions d'utilité comme de conformité à telle ou telle norme. Le beau est ce qui plaît « sans concept », affirme Kant. Aussi, quand je prends plaisir à la contemplation d'un paysage, je ne devrais pas m'encombrer de considérations de biologie, ni même de morale. Je ne devrais pas me demander si ce que je vois est bien ou mal. Au contraire, il convient que je me laisse impressionner, que je m'ouvre à une perception directe de ce qui m'entoure en laissant de côté mes théories et mes convictions. C'est ce qu'on appelle l'*autonomie du jugement de goût*. Elle vaut pour la fiction (c'est ce qui fait que je peux prendre plaisir à une histoire de crime abominable) comme dans la nature.

Mais alors, pour revenir à la barrière corallienne : cela signifie-t-il que seul le premier plongeur a véritablement une émotion esthétique, tandis que le second s'en laisse détourner par des inquiétudes écologiques ? On peut imaginer que, de nos jours, certaines personnes soient si bouleversées par la cause environnementale qu'elles se trouvent dans l'incapacité de trouver encore matière à s'émerveiller dans notre monde. C'est ce que signale le philosophe français Bruno Latour dans son essai *Où suis-je ?* (2021), sur le mode de la boutade : « Se réjouir de la contemplation d'un paysage ? Vous n'y pensez pas – nous voilà responsables de chacune de ses pollutions, et si vous vous émerveillez encore des blés dorés, c'est parce que vous avez oublié que les coquelicots ont disparu à cause de la politique agricole de l'Union européenne… »

Toujours dans sa *Critique de la faculté de juger*, Kant jette quelques lumières supplémentaires sur ce problème en avançant une distinction importante entre les *beautés adhérentes* et les *beautés libres*.

Si je suis un éleveur de chevaux et que j'inspecte l'encolure, les jambes et la robe d'un pur-sang, je suis bien en train de me livrer à une sorte d'évaluation esthétique, cependant je ne me soucie que de la beauté adhérente de l'animal, c'est-à-dire que je l'envisage uniquement selon les qualités qu'il présente pour l'équitation ; mon jugement est orienté, indissociable de ma pratique professionnelle, il n'est pas désintéressé. Cette beauté adhérente n'est pas à négliger, mais Kant accorde davantage de valeur aux beautés libres. « Des fleurs sont de libres beautés de la nature. Ce que doit être une fleur, le botaniste est à peu près le seul à le savoir et même celui-ci, qui sait y voir l'organe de fécondation de la plante, ne tient aucun compte de cette fin naturelle quand il porte sur elle un jugement de goût. » Autrement dit, il faut que le cavalier expert ou le botaniste mettent de côté leurs connaissances pour entrer dans la dimension du goût. Le second plongeur, accablé par le spectacle de la barrière corallienne ravagée, ne verrait donc que sa laideur adhérente, qui lui masquerait sa beauté libre – dont le premier plongeur saurait, lui, s'extasier.

Emily Brady s'appuie sur cette expérience de pensée pour distinguer deux positions en philosophie esthétique : l'*autonomisme* – qui s'inscrit dans la lignée de Kant et soutient l'autonomie du jugement de goût – et le *moralisme* – qui considère qu'à l'époque du réchauffement climatique et de la crise écologique, nos appréciations esthétiques devraient intégrer dans une certaine mesure les notions de bien et de mal.

Avec des exemples extrêmes, il n'est pas difficile de montrer qu'un autonomisme radical n'est pas défendable : il nous conduirait à affirmer que les photographies prises par satellite de la marée noire provoquée par l'échouement du vraquier *Wakashio*, au large de l'île Maurice, en juillet 2020, parce qu'elles évoquent des reflets agrandis sur un œil sombre, sont magnifiques, même si le pétrole est en train de tuer des milliers de poissons, de tortues de mer et d'oiseaux ; ou même à prétendre que la forme et la couleur du champignon atomique d'Hiroshima sont superbes. L'autonomisme radical confinerait ainsi à une sorte d'aveuglement ou de manque absolu d'empathie, une imperméabilité aux souffrances humaines et animales qui relèverait purement et simplement de la cruauté ; l'empereur Néron se délectant d'assister au grand incendie de Rome serait un autonomiste convaincu.

Mais le moralisme a lui aussi ses défauts. Tout d'abord, comme je l'ai déjà mentionné, il empêche d'admirer les apparences de la nature à notre époque où la pollution de l'air enveloppe la totalité de la planète et où il n'existe aucun paysage intégralement préservé. Ensuite, cela s'applique également en sens contraire : le moraliste risque de se forcer à apprécier des choses qui en réalité ne lui plaisent pas, par conviction éthique.

Il y a quelques années, j'ai passé un week-end sur la Côte d'Albâtre. C'est l'un des plus beaux endroits du bocage normand. Cette campagne, avec ses maisons à colombages, ses haies, ses prés à l'herbe grasse, ses cultures de betteraves et de céréales, est extrêmement terrienne ; tout à coup, elle tombe dans l'océan. La côte accidentée coud le champêtre au maritime avec une science du contraste inégalée. Certains villages comme Veules-les-Roses évoquent des collections de maisons de poupée et semblent presque irréels à force de raffinement dans le détail. Les constructions en briques rouges se lovent dans les anfractuosités des rochers sans en émousser la découpe violente. Les rivières et les ruisseaux sont encore emplis de cresson. Mais voilà, entre Veules-les-Roses et Saint-Valéry-en-Caux, je me suis retrouvé devant une rangée d'éoliennes plantées dans un champ de colza. Et j'ai réagi en moraliste. Personnellement, en dehors de toute considération d'utilité et d'écologie, je trouve que les éoliennes s'insèrent mal dans un tel paysage, qu'elles l'esquintent. Elles sont trop grandes, trop futuristes pour ce bocage qui ressemble à un fragile vitrail. Cependant, je me suis raisonné et me suis contraint à les aimer : une seule éolienne fournit de l'électricité à 800 foyers, elle alimente un village, c'est un rêve pour la production d'énergie à petite échelle, décentralisée, presque autarcique ; et ne rappellent-elles pas les moulins de jadis, qui ont pratiquement disparu ? Avec leur couleur blanche, leur tubulure aérodynamique, leur hélice qui communique avec les vents en hauteur, n'ont-elles pas une grâce qui évoque la tour Eiffel ou les locomotives dessinées par Raymond Loewy dans le style *streamline* ? N'est-ce pas une prouesse d'ingénierie et de design ? N'avons-nous pas besoin de temps pour nous habituer à leur présence ? En somme, j'étais en train de me mentir à moi-même – tant il est vrai qu'entre le moralisme et la mauvaise foi, il n'y a souvent qu'un pas.

Ainsi, ni l'autonomisme ni le moralisme n'emportent pleinement l'adhésion. Quant à la solution proposée par Emily Brady, l'*autonomisme modéré*, qui consiste à introduire un zeste de responsabilité morale dans nos jugements de goût (juste ce qu'il faut pour ne pas applaudir les champignons atomiques, mais rester capables d'aimer le printemps même sans coquelicots), elle ne paraît pas non plus très enthousiasmante : comment un compromis entre deux positions insoutenables serait-il convaincant ?

Théorie de la déception

La fable des deux plongeurs présente en outre une faiblesse structurelle : elle est fondée sur le comparatisme, c'est-à-dire sur la possibilité de visiter un écosystème *avant* et *après* son endommagement.

Mais ce type de comparaison entre deux états d'un même territoire, si on l'extrapolait, si on étirait les échelles de temps, ne manquerait pas de produire des interrogations à la limite du farfelu. Par exemple : la France était-elle plus belle il y a vingt mille ans, à l'ère glaciaire, quand elle était couverte d'une toundra grisâtre, qu'il y avait des bouleaux en Provence, que les rennes et les loups arpentaient cet espace délaissé par *Homo sapiens* ? Ou bien lorsque la mer Parathéthys s'étendait des Alpes jusqu'à la mer Caspienne et la mer d'Aral, au Cénozoïque, il y a soixante-six millions d'années ? Remontons d'un cran encore : quand la Pangée fut colonisée par des mousses, puis par les arthropodes – araignées, mille-pattes, scorpions – et que la végétation et le règne animal n'avaient pas encore pris leur essor sur les terres émergées, que l'atmosphère était pauvre en oxygène et riche en soufre, la Terre ne ressemblait-elle pas davantage à nos représentations de l'enfer qu'au jardin d'Éden ?

On sent bien qu'il y a une sorte d'aberration à vouloir apprécier un lieu aujourd'hui en fonction de ce qu'il était autrefois. Dans le domaine esthétique, le passé ne saurait fournir la mesure du présent ; ce serait comme vouloir juger la musique du XXIe siècle en la comparant à la musique du XVIIe, ou la peinture de Picasso d'après les critères d'excellence des artistes de la Renaissance, et s'enferrer dans des anachronismes. Et puis, en esthétique environnementale, il est une question vraiment insoluble : où placer le curseur ? Comment choisir le référentiel ? Qui décidera de la date pertinente – celle où un endroit de la Terre a atteint son maximum de beauté, si bien que toutes les étapes antérieures ou postérieures n'en offrent que des brouillons ou des versions dégradées ?

Ce qu'il faudrait donc, c'est pouvoir rendre compte des effets sensibles du réchauffement climatique ou de la civilisation industrielle, mais sans recourir à des comparaisons, sans nécessairement regarder en arrière. Cela n'a rien d'évident, pourtant une indication intéressante nous est fournie par un autre article, publié par la philosophe Cheryl Foster, professeure à l'université de Rhode Island, en 1992, sous le titre « Déception esthétique : environnement, éthique, art ».

Cette communication traite d'un problème philosophique assez passionnant en soi, tant sur le plan des relations avec les humains qu'avec les choses : la déception. Il avait déjà été abordé allusivement par Emmanuel Kant qui, dans un passage de la *Critique de la faculté de juger*, imagine la situation suivante : vous avez été invité à prendre un verre dans un jardin chez un de vos voisins, par un agréable soir d'été, et vous prenez plaisir à entendre, après la tombée de la nuit, tandis que les feuillages sont éclairés par la « douce clarté de la lune », « le joli chant, si charmant, du rossignol dans un bosquet solitaire ». Mais le propriétaire des lieux vous informe que les sifflements en question sont produits par « un jeune garçon malicieux sachant imiter ce chant d'une manière parfaitement conforme à la nature » et que le garnement se tient caché derrière un buisson. D'un coup, la magie de l'instant s'évanouit – car l'artifice, aux yeux de Kant, est toujours moins enchanteur, plus toc que les splendeurs naturelles.

Cependant, Kant est ici de parti pris et il est possible d'imaginer une déception inverse, qui va de l'artificiel vers le naturel, ce que n'a pas manqué de faire le philosophe pragmatiste américain John Dewey, dans *L'Art comme expérience* (1934), que cite Foster : admettons que vous ayez en votre possession un objet de pierre finement sculpté, que vous croyez être « façonné par quelque peuple primitif ». Un jour, vous découvrez qu'il ne s'agit pas d'une sculpture, mais « d'un produit naturel purement accidentel », que cette pierre a subi une érosion inhabituelle. L'objet « cesse immédiatement d'être une œuvre d'art et devient une "curiosité" ». Et vous ne pouvez vous empêcher d'être déçu, parce que le processus hasardeux qui a donné à ce caillou son apparence actuelle n'est pas en lui-même digne d'admiration. « Ce qui est extraordinaire, note Dewey, c'est que la différence ainsi faite n'est pas d'ordre exclusivement intellectuel. On fait une différence sur le plan de la perception et de l'appréciation de l'objet et ce, de façon directe. » Autrement dit, on ne touche plus, on ne regarde plus l'objet de la même manière – ce n'est pas simplement que nous ne lui attribuons plus la même origine ou qu'il n'a plus la même signification pour nous, c'est qu'on ne peut pas maintenir exactement le même type de relation perceptive avec lui.

Cette épreuve de la déception a ceci de remarquable qu'il s'agit d'une modification de notre appréciation – du chant d'un rossignol, d'un bloc de pierre – en l'absence de toute référence au passé, de comparaison. Si un changement est survenu, c'est simplement en nous-mêmes, par un apport de connaissance, la découverte d'une information manquante.

Acquérir des connaissances en écologie, c'est souvent être précipité dans ce genre de désenchantement. C'est ce qui fait que, lorsque j'entends des cigales en Bourgogne au mois de mars, j'ai un serrement de cœur, tandis que mes enfants trouvent ça chouette ou n'y prêtent même pas attention.

Cheryl Foster avance elle aussi, pour approfondir ce point, une expérience de pensée bien trouvée. Supposons que vous soyez dans votre cuisine, en train de contempler par la fenêtre un coucher de soleil extraordinaire, avec un étagement de nuages majestueux traversés de lueurs rouges, mauves et or. Un ami arrive, qui vous explique que ces colorations sont liées à un taux exceptionnellement élevé de dioxyde de soufre dans l'atmosphère. Vous demandez : « D'où vient ce dioxyde ? » Là, Foster examine deux hypothèses :

(A) Votre ami vous apprend que le dioxyde a été rejeté par un volcan voisin entré en éruption. Cette nouvelle vous met un peu en émoi, peut-être allumez-vous la radio sur une chaîne locale pour en savoir plus, mais, si vous êtes certain qu'aucune habitation n'est directement menacée, que personne n'est en danger, vous continuez à profiter de la vue de ce spectacle singulier.

(B) Votre ami vous dit que le dioxyde de soufre a été rejeté par une centrale thermique voisine, dont les installations sont défectueuses, et dont les cheminées n'ont pas été correctement équipées des filtres réglementaires. Cette fois, votre admiration pour le coucher de soleil cesse net.

Mais pourquoi ? Comment expliquer que le même phénomène nous enchante si nul n'en est à l'origine, et nous indigne si nous le savons dû à une négligence ? Sans doute est-ce lié au fait que nous ne sommes scandalisés que par des actions humaines, et non par des événements qui se produisent dans la nature sans être chargés d'aucune intentionnalité. Je porterai plainte contre mon voisin s'il vient mettre le feu à un sapin dans mon jardin, tandis que j'accepterai que la foudre s'abatte sur ce même arbre et l'embrase, comme une fatalité. Mais il y a autre chose, dans le cas (B) : soudain, les nuages me paraissent toxiques, je comprends que je suis en train d'assister à un empoisonnement de la campagne qui m'environne et que je ne peux rien faire pour l'empêcher. Peut-être une telle connaissance rend-elle même l'air autour de moi plus acide ou difficile à respirer, tant est fort son pouvoir de suggestion.

En s'attardant sur les mécanismes de la déception, Cheryl Foster ouvre une piste prometteuse, qui permet de rendre compte d'une belle part de nos émotions dans un monde que nous découvrons abîmé.

Malheureusement et de manière assez abrupte, à la fin de son article, elle rallie une position fortement moraliste. Elle écrit : « Soutenir des processus de destruction (et le plaisir esthétique est une espèce de soutien, ou d'approbation) dont le résultat est une dégradation environnementale, c'est perpétuer une forme de déni de la vie. » Elle entend donc condamner toute espèce d'admiration pour les paysages, dès lors que nous savons ceux-ci gagnés par la pollution ou altérés par l'activité humaine. Or, à mon sens, la réflexion sur la déception ne devrait pas nous mener au moralisme, mais nous encourager à avancer dans une autre direction et à contester certains présupposés d'Emmanuel Kant qui sont rarement interrogés.

Implicitement, Kant considère que, dans l'expérience esthétique, nous commençons par percevoir – un objet, un paysage – *puis* que nos facultés intellectuelles se mettent en branle et que nous élaborons des pensées. Ce que Kant affirme à propos du beau, qu'on le trouve du reste dans une œuvre d'art ou dans la nature, c'est qu'il nous plaît avant même que nous ayons pu lui associer un concept quelconque. Quand nous essayons ensuite d'en rendre compte, par exemple d'expliquer pourquoi nous aimons l'aspect de tel nuage ou le houppier de tel arbre, nous nous trouvons vite à court d'arguments, parce que la rencontre avec la beauté n'est pas d'ordre rationnel, mais uniquement sensible.

Cependant, l'expérience de la déception invite à considérer autrement les jugements de goût et à remettre en question cette chronologie, selon laquelle il y aurait d'abord la perception puis l'élaboration intellectuelle. Comme l'a remarqué avec beaucoup de finesse Dewey, la déception n'a rien de répressif. Ce n'est pas qu'on s'interdise d'apprécier un objet qui, de prime abord, nous plaît : simplement, un élément de connaissance nous a été apporté, qui fait que cet objet n'a plus d'intérêt, que ses qualités elles-mêmes s'éteignent pour nous. Tout se passe comme si le soubassement intellectuel de la perception s'était écroulé et que celle-ci avait été emportée dans la chute. Ainsi, la déception nous permet de comprendre que nos perceptions ne sont pas si indépendantes que cela, qu'elles se présentent à nous déjà teintées par des représentations et des notions abstraites.

De tels mécanismes font aujourd'hui l'objet d'intenses recherches en philosophie de l'esprit et en neurosciences ; c'est ce qu'on appelle, en termes un peu techniques, le débat sur le *contenu conceptuel de la perception.* Quand je vois un verre posé sur la table, je ne remarque pas dans mon champ de vision un cylindre transparent sur l'identité duquel je m'interroge, avant de conclure que c'est un verre – non, je vois directement un verre posé sur la table. Comment cela se fait-il ? Certains émettent l'hypothèse d'une boucle de rétroaction – le concept de « verre » serait ajouté après coup à ma perception visuelle, mais de telle manière qu'il semble faire partie d'elle. D'autres vont plus loin et soutiennent que ce sont les concepts qui rendent possibles les perceptions – je ne distinguerais même pas cette chose-là si j'ignorais le concept de « verre », je ne la discriminerais pas par rapport au plateau de la table. Quoi qu'il en soit et sans trancher ces débats d'experts, il paraît raisonnable de renoncer au schéma initialement proposé par Emmanuel Kant et d'admettre que les perceptions ne se présentent pas toujours à nous vierges de toute élaboration, à l'état brut.

Résumons-nous. La *Critique de la faculté de juger* d'Emmanuel Kant, œuvre fondatrice s'il en est, avec laquelle la tradition esthétique moderne est en dialogue jusqu'à nos jours, part du postulat d'une triple indépendance. D'abord, Kant considère que la nature est indépendante de la culture, que ces deux dimensions sont dissociées. La nature est, à ses yeux, une source d'émerveillement intarissable. Elle fournit un grand nombre d'objets – comme le flocon de neige, la coquille du crustacé, le plumage du faisan, le corps des insectes – dont l'architecture est si minutieuse et si complexe qu'elle nous inspire de l'admiration. La nature possède également une puissance et des dimensions, évidentes lors du déferlement d'un orage, ou lorsque nous levons les yeux vers le sommet d'un glacier, qui nous arrachent à notre petitesse, qui nous excèdent et annulent nos mesquineries, nos soucis quotidiens. L'artisanat et l'art, ce que l'être humain est en mesure de fabriquer, restent très inférieurs, aux yeux de Kant, aux productions de la nature. Dans un passage insolite, il va jusqu'à expliquer qu'il approuve les gens qui se détournent des œuvres d'art, de la culture donc, pour leur préférer la fréquentation des milieux naturels, et c'est ainsi qu'il validerait le choix d'un critique de cinéma ou d'un galeriste aguerri qui déciderait, du jour au lendemain, de devenir horticulteur ou ranger dans une réserve : « Si un homme qui a assez de goût pour juger des produits des œuvres d'art avec la plus grande exactitude et la plus grande finesse abandonne volontiers la pièce où se rencontrent ces beautés qui entretiennent la vanité ou en tout cas les joies d'ordre social, et se tourne vers le beau naturel, pour trouver ici en quelque sorte une volupté spirituelle sous la forme d'une méditation impossible à jamais développer complètement, nous considérerons ce choix qui est le sien avec respect et nous lui supposerons une âme à la beauté de laquelle ne peut prétendre nul connaisseur d'art… »

Ensuite, Kant affirme l'indépendance du jugement de goût par rapport à la morale. Ce point-là, crucial, il l'explore en fait avec beaucoup de précautions. Nos satisfactions esthétiques, nos exclamations devant la beauté d'une œuvre ou d'un paysage jaillissent spontanément et ne sauraient être conditionnées, aux yeux de Kant, par aucune conception du bien et du mal ; elles viennent de la sensation, du cœur, du premier contact, et n'engagent pas notre responsabilité morale. Pourtant, dans des passages assez subtils à la fin de son traité, Kant soutient tout de même que la nature nous fournit une certaine image de la perfection, et qu'une telle image, installée en nous, peut devenir le symbole de l'accomplissement moral, de la pureté du cœur, de la noblesse d'âme, voire nous amener au divin. Ainsi, Kant est convaincu que la contemplation de la beauté de la nature élève l'âme de l'homme vers le bien, mais de façon vécue et non dogmatique.

Enfin, Kant suppose que le jugement de goût est indépendant de l'état de nos connaissances. Ce qui, d'ailleurs, semble marqué au coin du bon sens, sinon la qualité de nos émotions esthétiques dépendrait de l'état d'avancement des sciences à l'époque où nous vivons, mais aussi de notre niveau d'études.

Eh bien, le siècle qui s'ouvre, le réchauffement climatique, le spectacle des paysages ravagés nous invitent à nous défaire de ces postulats, à renoncer à cette triple indépendance.

Pour ce qui est de l'autonomie de la nature par rapport à la culture, nous savons qu'il n'existe rien de tel à l'heure de l'Anthropocène, où l'humanité n'exerce pas seulement une action sur les animaux et les végétaux, mais carrément sur la géologie terrestre, tant les particules dégagées par la combustion des énergies fossiles, les produits chimiques ou les microplastiques imprègnent les sols. Nature et culture sont désormais entremêlées de manière inextricable, leurs destins sont liés et il est devenu impossible de croire que la seconde puisse croître à l'infini tandis que la première s'étiole et meurt.

Pour ce qui est de l'indépendance de l'esthétique par rapport aux conceptions du bien et du mal, il semble que nous devions également y renoncer. Non pas pour basculer dans le moralisme, pour soutenir que les seules émotions esthétiques valables et qui ont véritablement droit de cité sont celles qui tomberaient d'accord avec une espèce de politiquement correct écolo, mais plutôt parce que ce que nous éprouvons face aux paysages est désormais teinté d'une inquiétude morale. Cela fait une belle différence avec le XVIIIe siècle de Kant : à le lire, on a l'impression que la campagne renvoie toujours pour lui à des sentiments de paix et d'harmonie, de réconciliation, et qu'en dehors d'événements dramatiques comme les ouragans et les tremblements de terre, la nature forme à ses yeux un havre protecteur. Pour nous, il n'y a plus rien de tel, cette insouciance est balayée par la conscience que nous avons de la contamination croissante de l'air, des océans, des terrains ; la planète entière, si nous y trouvons toujours matière à admiration et à inspiration, est devenue une zone d'inconfort.

Enfin, l'indépendance du jugement de goût par rapport à la connaissance s'avère contestable. Non qu'il soit nécessaire de posséder certains éléments de savoir pour ressentir une émotion esthétique – là-dessus l'argument de Kant me semble toujours convaincant, le botaniste ou le zoologue ont certes des compréhensions plus profondes de ce qu'ils voient, des observations mieux étayées, mais cela ne va pas forcément de pair avec des sentiments plus vifs ou une ouverture sur la beauté plus grande que celle d'un enfant de six ans. En fait, la connaissance n'apparaît pas comme une compétence qui augmenterait la satisfaction esthétique, mais plutôt comme une menace qui pèse sur celle-ci, comme un couperet suspendu, dans la mesure où tout ravissement peut succomber à une révélation déplaisante, être fauché par la déception. Au reste, c'est ce que remarquait le forestier et penseur de l'écologie Aldo Leopold dans son *Almanach d'un comté des sables* (1949) : « L'une des conséquences d'une éducation écologique est que l'on vit seul dans un monde blessé. »

Alors bien sûr, le renoncement à ces postulats de l'esthétique d'Emmanuel Kant peut être interprété comme une diminution ou une amputation de nos capacités à nous émerveiller. Cependant, je pense qu'il ne faut pas le prendre ainsi, bien au contraire. En effet, en rejetant l'autonomie si absolue du jugement de goût que défendait Kant, nous cessons de faire de l'expérience esthétique un îlot à part, nous la reconnectons à d'autres domaines de l'existence, à la réflexion sur les valeurs, aux informations dont nous disposons sur l'état du monde. Dans la perspective kantienne, l'esthétique a un petit côté tour d'ivoire, passe-temps pour privilégiés : même au milieu d'un désastre, d'une catastrophe, d'une guerre, il reste possible de s'enfermer dans une pièce et de pleurer à chaudes larmes en écoutant le *Requiem* de Mozart ou de se délecter d'observer une aile de mouche au microscope. Mais la quête de beauté a-t-elle vocation à nous servir de refuge ? Pour ma part, j'ai plutôt l'impression que, si nous perdons quelque chose en nous éloignant des préceptes de la *Critique de la faculté de juger*, si nos émotions esthétiques seront moins sereines et moins immaculées, nous gagnons tout de même au change en sautant le pas, en acceptant de vivre au cœur de la nature blessée : c'est une condition pour retrouver le contact avec le réel.

“en apparence, la majesté des lieux est intacte

« Je suis arrivé en Bolivie en 1979, pour mon service militaire. J'avais grandi en région parisienne, j'étudiais l'océanographie à Jussieu, et je venais effectuer ma coopération scientifique, avec une affectation à l'université de La Paz pour une étude du lac Titicaca.

C'est un grand lac situé à 3800 mètres d'altitude, et lorsqu'on vient ici on est d'abord étonné par la combinaison des couleurs. L'eau est bleue comme celle de la mer Méditerranée, mais aux alentours des sommets enneigés culminent parfois à plus de 6000 mètres. La partie bolivienne du lac, avec l'île du Soleil, l'île de la Lune ou la péninsule de Copacabana, porte de nombreuses ruines, des vestiges des civilisations précolombiennes, notamment les *chulpas*, sorte de tours où l'on enterrait les défunts. Ce lac était un lieu sacré et les Incas y lançaient des offrandes, des pierres précieuses ou des amulettes. Je suis tombé amoureux de cet endroit, dont émane une énergie incomparable. Les gens d'ici disent que le lac est puissant et qu'il a tendance à vous ramener à lui. C'est ce qui m'est arrivé. Au cours de mes quarante ans de carrière de chercheur en écologie lacustre, j'ai voyagé, effectué mon doctorat aux États-Unis, exercé en Côte d'Ivoire, au Brésil, au Sénégal, mais me voici à nouveau au bord du lac, aussi ébloui qu'au premier jour.

Malheureusement, ce lac et sa région de l'Altiplano pâtissent d'un concentré des désastres actuels. Au niveau climatique, le réchauffement est net – nous avons 4 kilomètres d'atmosphère en moins, le rayonnement ultraviolet est donc d'une rare intensité. Les températures de fond de lac sont parmi les plus stables, or celle du Petit Lac – portion du lac Titicaca dont la profondeur moyenne est de 9 mètres – a augmenté d'au moins 1 °C en quarante ans. Nous sommes à 16 °C de latitude sud, et la combinaison de la localisation tropicale et de l'altitude accentue encore les effets du réchauffement. Ainsi, les modèles des physiciens ont montré que, si la température moyenne de la planète augmentait de 2 °C d'ici 2100, la variation serait ici de 4 °C. La plupart des espèces animales et végétales du lac sont endémiques et tiennent déjà à la limite de leurs capacités physiologiques, elles n'y survivraient pas.

Dans les eaux du lac Titicaca vit un poisson typique, l'*orestias*, moins présentable que la truite et qui se prête mal à l'exportation. Au cours des dernières décennies les gens se sont mis à pêcher sans retenue, avec des filets de plus en plus grands, aux mailles de plus en plus petites, en ne respectant pas les périodes de reproduction, ce qui a réduit drastiquement la population des *orestias*. Confrontés à l'effondrement des revenus de la pêche, les riverains se sont rabattus sur l'élevage. Au lieu d'élever des camélidés, c'est-à-dire des lamas ou des alpagas, adaptés à l'environnement andin, car ils ont des coussinets sous les pattes qui n'abîment pas les sols et, quand ils broutent, ils n'arrachent pas les racines mais coupent seulement la partie supérieure des herbes, ils ont privilégié l'élevage des bovins, qui piétinent la terre, appauvrissent les sols et dont les rejets polluent le lac. Le *zambullidor*, un oiseau plongeur typique du coin, se trouve proche de l'extinction. La grenouille géante du lac Titicaca, qui a une peau ample, lui donnant une silhouette harmonieuse lorsqu'elle nage, mais la faisant paraître ridée à terre, se voit menacée – il faut dire aussi qu'elle a été victime d'une croyance populaire, sans fondement, selon laquelle sa chair aurait des effets aphrodisiaques.

Pour revenir au réchauffement, il entraîne la fonte des glaciers de la cordillère Royale. Ceux-ci ne contribuent qu'à hauteur de 5 à 10 % à l'alimentation hydrique du lac, cependant leur apport se tarit. Le climat tropical alterne une saison sèche et une saison des pluies, mais la première gagne en longueur, et l'évaporation n'est plus compensée par les précipitations estivales. En jargon technique, on dit que le bassin du lac est endoréique, sans continuité avec l'océan. Ses eaux s'écoulent vers le sud de l'Altiplano où elles disparaissent par évaporation ou par infiltration, jusqu'au lac Poopó, hypersalé. Il suffirait d'une diminution de 2 mètres du niveau du lac Titicaca pour que la rivière Desaguadero et le lac Poopó ne soient plus alimentés, ce qui déstabiliserait tout l'Altiplano.

La plupart des Boliviens n'ont pas vraiment conscience de ces problèmes, qui ne se perçoivent pas à l'œil nu. En 2015 pourtant s'est produit un phénomène spectaculaire, qu'on appelle un *bloom* – la surface du lac s'est couverte d'efflorescences vertes. Les causes de ce *bloom* ne sont pas toujours bien comprises par les non-spécialistes. Par analogie, je le comparerais à la fièvre, par laquelle l'organisme humain se défend d'une agression virale. Le lac Titicaca subit une eutrophisation, c'est-à-dire un apport excessif de nutriments. Les eaux usées rejetées par les industries et les habitants d'El Alto, la banlieue de La Paz qui s'est construite sans planification, les nitrates et les composés azotés qui proviennent de l'agriculture, la matière organique venant de l'élevage se déversent dans le lac sans traitement préalable. Puchukollo, la seule station d'épuration, est sous-dimensionnée et mal raccordée. Ces contaminations favorisent la croissance des microalgues du phytoplancton, qui se mettent à proliférer – quand ce phénomène est soudain et massif, on appelle ça un *bloom*. L'écosystème se défend, les microalgues éliminent le surplus de nutriments. Les conséquences sont dramatiques, car la lumière ne pénètre plus dans le lac. Lors du *bloom* de 2015, la mortalité des poissons, des grenouilles et même des oiseaux aquatiques a été massive, la pêche et le tourisme s'en sont ressentis. Cela a un peu réveillé les gens, dans un pays où le gouvernement du président Evo Morales a eu tendance à présenter la science comme une idéologie inventée par les Occidentaux à des fins quasi coloniales, et où les travaux concernant l'écologie sont tenus en suspicion.

Suite à cet événement, j'ai obtenu un financement du Programme des Nations unies pour le développement (PNUD), afin de mettre en place avec une équipe de jeunes chercheurs boliviens un système de surveillance de la qualité des eaux du lac. Nous avons déployé une bouée automatique hydro-météo qui ressemble à un petit catamaran. Nous croisons ses données, relatives notamment à la concentration de chlorophylle, avec les mesures radiométriques d'un satellite, Sentinel 2, pour produire des images fiables de l'état du lac tous les cinq jours. C'est là un projet pilote dont le but est de rendre opérationnel un observatoire permanent du lac Titicaca, comme il en existe pour la plupart des grands lacs du monde ; il s'agirait d'identifier les périodes à risque et de donner aux autorités locales les informations leur permettant de développer des stratégies de régulation, conservation et restauration de l'écosystème. Mais je suis plutôt inquiet. Lorsque nous présentons nos relevés, nos courbes, et la gravité des événements futurs si la région urbaine d'El Alto ne se munit pas de nouvelles stations d'épuration à la hauteur de son développement, je rencontre un certain scepticisme, comme si je tenais un discours apocalyptique. Une collègue a étudié la contamination du lac par les antibiotiques, elle y a mesuré des niveaux très élevés. Il n'y a jamais eu d'études sur les microplastiques, mais il ne fait aucun doute qu'on en trouverait pas mal.

En 1979, ces questions ne se posaient pas. Dans la région, les engrais utilisés pour les cultures étaient naturels, sans pesticides, il n'y avait pas d'élevage intensif de bovins, les rives du lac étaient peu peuplées, El Alto n'existait pas encore, les emballages plastiques n'étaient pas courants. En quarante ans la dégradation est préoccupante, et pourtant la plupart des gens, surtout les jeunes, se détournent du lac et ne rêvent qu'à la vie urbaine, au confort moderne. En apparence, la majesté des lieux est intacte, mais, moi qui tiens les données en main, j'ai parfois l'impression que ce décor idyllique ne fait qu'illusion. »

– Xavier Lazzaro, écologiste lacustre établi en Bolivie.

“les guerres modifient le comportement des gens vis-à-vis des lieux

« Entre le lac Kivu et moi, c'est une histoire d'amour. J'ai grandi entre la ville de Bukavu, qui se trouve au sud du lac, et celle de Goma, au nord. Dans les environs se trouvent des parcs nationaux où s'observent les gorilles des montagnes et ceux des plaines. Il y a ici des spectacles parmi les plus extraordinaires qu'offre la nature, notamment le volcan de Nyiragongo, l'un des plus actifs de la planète. Et puis, nous sommes dans le milieu de la vie. Depuis que les guerres ont dévasté la région, les routes sont cassées et les transports lacustres représentent l'unique possibilité de voyage. Le lac Kivu, à la frontière entre le Rwanda et le Congo, est sans cesse sillonné par des bateaux.

C'est un lac très jeune, qui n'a que quatorze mille ans à peu près. Avant se trouvait ici un réseau hydrographique qui s'alliait au bassin du Nil. Puis la cime des monts Virunga s'est érigée, créant un barrage artificiel. La communication avec le Nil a été rompue. Les eaux se sont frayé un autre passage au sud, par la rivière Rusizi, qui descend vers l'immense lac Tanganyika. Cette situation géographique, il m'a fallu un certain temps pour en mesurer les qualités. On apprécie souvent avec retard le lieu où l'on est né. Au départ, on considère ce qui nous est donné comme normal. C'est lors d'un séjour sur les bords du petit lac Bunyoni en Ouganda que j'ai pris conscience d'avoir toujours vécu à côté de la beauté sans m'en rendre compte.

Le lac Kivu est pauvre en poissons – il n'en abrite que vingt-trois espèces –, ce qui s'explique à la fois par sa jeunesse et par la présence de gaz dans ses eaux profondes, méthane et dioxyde de carbone surtout. Si vous vous renseignez sur Internet, vous trouverez des articles dénonçant l'exploitation du méthane du lac Kivu. Le méthane attire l'attention parce qu'il est entouré d'intérêts commerciaux, or du point de vue écologique il représente sans doute une solution davantage qu'un problème. En effet, le lac Kivu est menacé par la déforestation de son bassin versant. Celle-ci favorise l'érosion des sols, d'importantes coulées de boue descendent dans les eaux. De plus, les habitants de la région ont tendance à rejeter leurs déchets dans le lac. Comme je le mentionnais, le lac a son déversoir dans la rivière Rusizi, sur laquelle sont installées deux centrales électriques qui produisent le courant alimentant la ville de Bukavu, le Rwanda et le Burundi. À cause de l'afflux des boues et des déchets, ces centrales se trouvent régulièrement arrêtées, deux fois par semaine en moyenne, afin de procéder à un nettoyage ; cela produit un délestage, les foyers ne sont plus alimentés en électricité. Ces interruptions incitent les familles à utiliser, pour le chauffage mais aussi pour la cuisine, le bois et le charbon, aggravant la déforestation. Ainsi, le méthane, qui est la cible de tant de critiques, m'apparaît-il comme une option énergétique pertinente.

La guerre a aggravé la déforestation. L'un des plus beaux lieux du lac s'appelle Kihumba, sur l'île Idjwi. C'est là qu'au temps de la colonisation, un aristocrate belge, le prince de Ligne, avait installé sa résidence, entourée de bois. C'est devenu une demeure du président Mobutu durant l'indépendance. Mais en 1997, les rebelles emmenés par Laurent-Désiré Kabila, lors de leur remontée vers Kinshasa, ont occupé l'endroit. Ils ont détruit le bâtiment, arraché les arbres. Le bassin du lac a également été abîmé après que les militaires français, lors de l'opération Turquoise en 1994, ont ouvert un couloir permettant aux réfugiés rwandais de passer au Congo. C'est tout un pays qui s'est alors déversé dans l'autre. Les besoins de chauffage ont été énormes. Le Haut Commissariat aux réfugiés ainsi que Care International ont acheté l'ensemble du bois disponible et les rivages ont été arasés. Cette culture de la surexploitation est ensuite restée dans la population locale, qui a continué à décimer les arbres. Sur l'île Idjwi se trouvait une forêt où vivait une population de singes endémique ; elle a disparu, et eux avec elle. Les guerres modifient le comportement des gens vis-à-vis des lieux où ils vivent. Elles créent de la pauvreté, de la misère. Et si vous ne savez plus comment nouer deux mois, par quel moyen manger, vous vêtir ou subvenir aux besoins de vos enfants, les problèmes écologiques passent au second plan – comment pourriez-vous encore vous préoccuper de questions aussi nobles ?

La côte, au niveau de la ville de Bukavu, est ciselée, elle comporte toute sorte de criques et de baies. Ici et là, l'eau devient stagnante et insalubre à cause des saloperies déversées. Ces bassins se transforment en incubateurs de maladies, notamment de la malaria. Les moustiques y pullulent. Un autre problème, ce sont les constructions anarchiques, la privatisation des plus belles rives du lac par les richissimes, qui n'a rien de légal, mais qui s'opère avec la complicité des autorités, et qui prive le pauvre d'accès aux plages et aux endroits où il pourrait nager.

Pendant la pandémie, au printemps 2020, je suis allé me confiner dans les baies du lac Kivu. Lors d'un débat public, j'avais lancé un défi au maire de Bukavu. Je voulais lui montrer combien de déchets un homme travaillant seul pouvait tirer quotidiennement des eaux à la force de ses bras. Alors, je me suis mis au travail. Je prenais des photos d'un lieu avant et après ma journée de nettoyage et les postais sur les réseaux sociaux. Un jour, j'ai remonté de la vase un casque bleu des Nations unies. Je me suis mis à le porter lors de mes courses en moto. Mais il s'agit d'un symbole militaire et je ne pouvais l'arborer ainsi ! J'ai donc pris une décision, inspirée par des amis. J'ai organisé une soirée en juillet lors de laquelle j'ai repeint le casque en vert. De ce jour-là, j'ai lancé le mouvement des Casques verts, un élan écologique et citoyen qui trouve un bel accueil dans la population congolaise ! »

– Josaphat Rubenga, écologiste congolais.

5

À quoi ressemblera l'avenir ?

La mobilisation des affects

J'aime me promener en forêt. Et d'autres plaisirs simples. Comme ouvrir la fenêtre et trouver l'herbe couverte d'une gelée blanche qui la gante. Écouter le vent souffler dans un feuillage, en secouer les branches comme s'il voulait embrasser l'arbre de tous les côtés à la fois. Voir des grillons sauter comme des virgules qui se libéreraient des phrases, quand je marche dans un pré jauni par l'ensoleillement. Me baisser vers la terre et la toucher, y fourrer mes doigts en espérant que ses grains s'immiscent un peu sous mes ongles.

Quand je dois passer du temps en ville, plusieurs semaines ou mois d'affilée, sans aucune échappée, j'ai l'impression que tout se détraque en moi, que je suis envahi d'une agitation croissante à laquelle le sommeil ne remédie pas. Et alors, je sens qu'il est urgent de m'éloigner un peu, de me mettre au vert, de regagner la campagne pour m'y réaccorder, sinon je vais mal évoluer, comme un piano détraqué qui ne produirait que des sons de plus en plus disharmonieux.

Seulement voilà : en va-t-il ainsi pour tout le monde ? Il m'est arrivé parfois – rarement – de rencontrer des gens qui détestaient sincèrement la campagne, qui la trouvaient déprimante et ne s'épanouissaient que sur le bitume, avec leur shoot de gaz carbonique dans les narines. Chaque fois, leur discours m'a étonné. Mais pourraient-ils être de plus en plus nombreux ?

Parfois, je me dis que mon goût pour la nature est historiquement situé, qu'il démontre surtout que je suis né au XXe siècle et que j'ai un pied dans le passé…

Ces considérations ont l'air psychologiques, étroitement subjectives, elles ne le sont pas tant que ça. Car nos émotions ne sont pas sans conséquence. Non seulement elles nous remuent sur le moment, mais elles nous donnent de l'élan, elles nous orientent, nous poussent à agir – ou non. Je suis convaincu qu'on ne s'engage, qu'on ne se mobilise efficacement que parce qu'on y est conduit par un ressenti, et non seulement par des théories. Au niveau collectif, si les générations à venir n'éprouvent rien dans la nature, elles n'auront pas à cœur de la défendre, et le processus actuel, celui d'une anthropisation et d'une artificialisation accrues des milieux terrestres, va se poursuivre sans frein.

Ainsi, se demander quelles relations sensibles les êtres humains du futur entretiendront avec la nature, c'est réfléchir à la suite des événements, et l'esthétique trouve ici, pour une fois, un débouché politique.

Selon moi, à moyen ou long terme, deux scénarios sont envisageables.

Le premier scénario est celui d'une érosion continue, par paliers, du goût pour la nature. Selon cette hypothèse, les êtres humains, génération après génération, vont simplement s'adapter et s'habituer à vivre dans des environnements de plus en plus endommagés. Tant que leurs besoins vitaux ne seront pas directement menacés, ils apprendront à s'en satisfaire. Les marronniers plantés le long de l'avenue qui nous paraissent aujourd'hui chétifs et gris seront aux yeux de nos enfants des îlots de verdure acceptables. Les pigeons malades suffiront à figurer pour eux la joie du vol et la rencontre avec l'Oiseau. Un ciel où la pollution lumineuse efface jusqu'à l'étoile du Berger leur paraîtra un abri suffisant pour leurs nuits d'amour. En somme, l'environnement va continuer de se détériorer inéluctablement, mais chaque génération ne regrettera que les paysages de son enfance, sans se rendre compte que ceux-ci étaient déjà bétonnés, en lambeaux ; elle prendra le monde tel quel, et le transmettra en pire état à ses enfants. Ainsi, le déclin de notre proximité sensible avec le monde naturel va suivre de peu la dégradation de celui-ci, les deux phénomènes se renforçant mutuellement.

Le deuxième scénario table au contraire sur un réveil ou une exacerbation des sensibilités. Selon cette hypothèse, optimiste selon moi, les êtres humains du XXIIe ou du XXIIIe siècle porteront sur notre ère productiviste un regard sévère. De même que nous saisissons mal, aujourd'hui, comment une foule d'esprits soi-disant éclairés ont pu s'accommoder de l'esclavage, de la colonisation, de la torture et de la peine de mort, comment tant de personnes se sont laissé séduire par les discours basiquement haineux du nazisme, ils ne comprendront pas comment nous avons pu encrasser à ce point l'atmosphère en brûlant les carburants fossiles, ni par quelle insondable cruauté nous avons provoqué une extinction massive des espèces. Des coutumes comme la corrida ou la chasse du dimanche leur paraîtront de stupéfiants archaïsmes, à peine moins insupportables que les combats de gladiateurs dont raffolaient les Romains. Selon un tel scénario, qui suppose qu'une révolution des pratiques ait eu lieu, ou si ce n'est une révolution à tout le moins une transformation substantielle de nos politiques énergétiques et de nos façons de produire et de consommer, nos descendants se représenteront la période actuelle comme une sorte de Moyen Âge, de traversée sombre, engoncée dans le dogme de la croissance économique qui leur apparaîtra, avec le recul, comme un obscurantisme.

Lequel de ces deux scénarios a le plus de chance de se réaliser ? Honnêtement, je n'en sais rien.

Mais peut-être le futur est-il déjà là, en cours de formation dans certaines aires géographiques qui se trouvent à la pointe du système ? En voyageant en Asie, je me suis ainsi senti confronté à d'autres milieux que ceux qui me sont familiers, mais aussi à d'autres manières de sentir, et j'ai eu parfois l'impression d'aller au-devant d'une image plausible de notre avenir.

À Taipei, que j'ai visité en 2018, mon œil ne trouvait rien à quoi se raccrocher. Je me sentais agressé de toutes parts par la violence de l'urbanisme. Par la dimension des boulevards et des avenues, conçus uniquement pour la circulation automobile, comptant souvent trois ou quatre voies de chaque côté. Par les trottoirs n'invitant nullement à la promenade, mais ayant seulement fonction de marchepieds pour descendre ou monter en voiture. Par les tours, les fils électriques omniprésents, les enseignes flashy, la mercatique sauvage. Même dans la mangrove bordant l'estuaire de la rivière Tamsui, je cherchais en vain ce qui aurait ressemblé à un chemin de halage. Les rives étaient cimentées. Des autoroutes portées par des ponts gigantesques enjambaient l'eau de tous côtés. Il n'y avait même pas de joggers de plein air ; ils devaient courir sur tapis, confinés dans leurs salles de fitness, devant un écran vidéo. Sans doute était-ce une affabulation de ma part, mais je songeais qu'enfant, j'aurais détesté vivre dans un tel contexte, n'offrant aucun terrain de jeu, aucune possibilité d'explorer le dehors, où ne sont vraiment habitables que des espaces clos et rafraîchis par l'air conditionné.

La seule chose que je regardais avec une curiosité et une soif presque goulue, au cœur de cette cité dystopique, c'étaient les arbres exotiques poussant sur les parterres centraux des boulevards, des figuiers banians et des camphriers, des érables palmés et des liquidambars. On aurait dit des exilés, des transfuges de la jungle, dont les feuillages d'un vert profond, mais surtout les racines, conservaient une formidable exubérance – ces dernières écartant les pavés de béton mal dépolis, se superposant les unes aux autres pour former des architectures semblables aux coulures d'une chandelle qui a brûlé longtemps. Grâce aux arbres, je trouvais un point d'accroche, un élément auquel me lier affectivement au cœur de cette brutalité hypermoderne.

Durant ce séjour, je fis aussi une excursion jusqu'au Yehliu Park, situé au nord de l'île, dont je tirais une leçon plutôt amère.

La route pour y aller était jalonnée de constructions. On croisait d'anciennes stations-service dont les pompes étaient piquées de rouille et les terre-pleins encombrés de piles de pneus usés et de bidons, dont les toitures de tôle avaient été retournées par les tempêtes, découvrant des structures corrodées. Il y avait des usines vétustes aux carreaux cassés, des immeubles de rapport où ne se concluait plus aucune affaire, et même des temples ou des autels bouddhistes coincés entre les bowlings et les hangars. Loin des tours rutilantes des quartiers d'affaires du centre de la mégapole, de la foule que celles-ci aspiraient et refoulaient dans les rues, ces zones paraissaient vivoter, se tenir dans un entre-deux entre la pauvreté et l'abandon. Elles abritaient des formes de vie précaires. Là, une femme tenant un enfant par la main marchait dans la poussière. Ici, un homme assis sur un cube de béton attendait on ne sait quoi. Et même dans ces conditions, pas un arpent de terrain qui n'avait été utilisé, réquisitionné par l'effort productif. La côte, que nous longions, n'était qu'un long ruban hésitant entre le bidonville et la friche industrielle, avec parfois, accrochée à une anse sablonneuse, une velléité d'équipement balnéaire.

Or le Yehliu Park, but de mon excursion ce jour-là, se présentait sous d'autres auspices. C'était un bras de terre s'avançant dans la mer, composé de roches calcaires ocre aux formes curieuses, rappelant des bilboquets ou les cheminées de fée de la Cappadoce. Des résineux courbés par le vent et des fleurs innombrables poussaient sur cette presqu'île, qui servait de refuge aux oiseaux de mer. Mais justement, cet unique coin de nature à peu près intacte, on n'y accédait qu'en achetant des billets, en passant des tourniquets et des portiques magnétiques, puis il fallait le parcourir sans jamais sortir des sentiers balisés. Se pressaient là d'innombrables Taïwanais portant des costumes en treillis, des chaussures de randonnée et des chapeaux kaki d'explorateur – déguisés de pied en cap en photographes animaliers de choc. Ils avaient tous, suspendus au cou par des sangles, deux ou trois appareils dernier cri prolongés d'énormes téléobjectifs, et à l'épaule une besace dans laquelle ils transportaient des batteries, des cartes mémoire, des réflecteurs et des trépieds.

Plus loin dans le Geopark, on les retrouvait installés en cercle autour d'une orchidée ou d'un nid d'oiseau. Assis sur des tabourets pliables, ces ornithologues amateurs passaient de longues heures à mitrailler sans flash le battement d'ailes d'une grive à tête grise, l'ouverture du bec d'un rossignol calliope, la torsion du cou d'une fauvette ou d'un robin à flanc roux. Et je les comprenais, bien sûr, mais le temps, l'énergie, le matériel, l'argent qu'ils consacraient à ces prises de vues, j'avais l'impression qu'ils les investissaient en compensation d'une immense, d'une effroyable privation de nature. Hélas, ce n'était pas une plongée dans un environnement réellement préservé qu'ils s'offraient là, mais un ersatz, une illusion de verdure. De même que, dans l'Epcot Center attenant au Disneyworld d'Orlando, on trouve des reconstitutions de bâtiments célèbres, du palais des Doges ou du minaret de Marrakech, d'un café parisien ou des pyramides aztèques, le Yehliu Geopark n'était qu'une simulation, un parc d'attractions procurant des sensations d'île déserte.

Durant ce séjour à Taïwan – où je ne me suis pas rendu dans le Sud qui compte, paraît-il, de véritables endroits sauvages –, j'avais voyagé très loin de chez moi, je m'étais déplacé dans l'espace, mais je ne pouvais me défaire de l'idée que j'avais en même temps effectué une sorte de bond en avant dans le temps, et que ces paysages constituaient une anticipation possible de notre futur à tous. Le risque est qu'un jour, en effet, nous ayons autour de nous un vaste réseau de routes et d'agglomérations ne laissant subsister entre ses mailles que des champs cultivés en intensif, avec çà et là quelques ultimes poches de nature transformées en curiosités touristiques.

Si un tel scénario se réalisait, il me semble qu'il s'agirait d'une perte fondamentale. Cet avenir ne correspond absolument pas à ce que je souhaite pour moi, ni pour mes enfants, ni pour les humains qui viendront ensuite et à l'existence desquels, curieusement, je ne parviens pas à être complètement indifférent. Même en imaginant qu'une Terre ainsi transformée soit vivable, c'est-à-dire qu'elle fournisse de quoi satisfaire les besoins en nourriture et en eau potable de ses habitants, que l'état sanitaire global soit correct, elle me paraîtrait encore insupportable. Mais pourquoi ? C'est ce qu'il me faut expliquer maintenant.

Un argument métaphysique

Au long de cet essai, je me suis employé à montrer que les paysages mélangeant le naturel et l'artificiel nous procurent des émotions elles-mêmes mêlées, ambiguës. Une certaine poésie flotte malgré tout sur les zones périurbaines. Le réchauffement climatique n'a pas que des désagréments, du moins dans les zones tempérées, du moins pour le moment. Un pylône électrique, sur une photographie, n'est pas forcément dénué de charme.

Le poète suédois Tomas Tranströmer, Prix Nobel de littérature 2007, amoureux de la nature s'il en est, en conviendrait sûrement. Dans les dernières années de sa vie, après avoir subi un accident vasculaire cérébral, comme l'acte même d'écrire lui coûtait, il s'est mis à pratiquer une forme ultra-brève, le haïku. Et s'il a continué dans ces circonstances pénibles à évoquer avec ferveur les paysages du Nord, qu'il avait toujours habités et qu'il aimait, il s'est mis à placer régulièrement dans ses évocations des marques de la civilisation industrielle, comme de subtiles effractions :

« Les lignes à haute tension
s'étirent au royaume du froid
au nord de toute musique. »

La force d'un tel poème tient à l'absence de jugement. Les installations électriques ne sont pas dénoncées comme des intruses saccageant une contrée glacée, au contraire, elles lui appartiennent, et Tranströmer suggère qu'elles tracent sur le ciel des portées musicales, mais des portées sans notes, éloignées de toute musique – des villes, donc.

C'est avec la même délicatesse qu'il croque ce paysage maritime probablement vu depuis un balcon ou une fenêtre :

«Les orchidées.
Des pétroliers glissent au loin.
C'est la pleine lune.»

Ici, le regard passe du premier plan (les fleurs en pot) au second plan (les tankers) puis au troisième (la pleine lune), sur le ton neutre d'une énumération. Les pétroliers sont des monstres polluants, d'accord, mais dans cette vignette ils apportent aussi le mouvement, la vie, quand le reste se tient comme figé sous la clarté lunaire.

J'aime bien aussi cette évocation d'un chantier qu'on devine monumental (au-dessus de quel estuaire, de quelle vallée ? ce n'est pas précisé) :

«Un pont se construit
lentement
droit dans l'espace.»

Mais si l'on est ému par ces vers laconiques, quel est le souci avec la nature abîmée ? Ne pourrait-on pas simplement se résoudre à l'accepter comme telle, muter notre sensibilité, apprécier ce qu'on a plutôt que désirer ce que l'on n'a plus ?

N'est-ce pas en nous qu'est le problème, et l'état du monde actuel ne nous invite-t-il pas à liquider nos préventions, un peu comme si nous étions des amateurs de musique classique qui devraient d'urgence se mettre au rock ou à la pop ?

À toutes ces questions je répondrai par la négative, à mon sens il y a quand même une perte. Cependant, pour étayer cette affirmation, il me faut effectuer un détour par la métaphysique.

Dans le passage de Kant cité plus haut, où il est question d'un passionné d'art qui se mettrait à s'intéresser aux collines et aux forêts, qui se détournerait des discussions toujours un peu salonnardes sur la peinture et la littérature pour préférer fouler les sentiers terreux, il y a cette formule allusive et cependant frappante : Emmanuel Kant remarque que la nature nous plonge « dans une méditation impossible à jamais développer complètement ». Une manière de signifier que, chaque fois que vous prenez le temps d'aller marcher en forêt, ou de regarder couler une rivière dont les remous font ondoyer des plantes aquatiques, ou de lever les yeux vers les nuages qui passent, le flux de vos pensées est changé, vous êtes poussé à la méditation. Mais sans toucher aucune vérité éternelle, sans arriver à aucune conclusion définitive ; votre méditation est impossible à mener jusqu'à terme, elle reste ouverte. Parfois nous disons que, dans la nature, nous avons le sentiment de retrouver l'essentiel. Mais qu'entendons-nous par là, de quel essentiel parlons-nous ? Ce n'est pas facile à expliquer. De manière un peu grandiloquente, on pourrait soutenir que le paysage naturel nous renvoie à l'énigme de l'univers et de la vie. En tout cas, il nous fait éprouver le miracle de notre présence au monde. Devant lui, nous nous sentons au seuil d'un mystère qui nous appelle, nous excède. Comment se fait-il que j'aie les yeux ouverts et que le ciel se reflète jusqu'au fond de ma conscience ?

Ma conviction est que l'impression de beauté que nous éprouvons devant les spectacles de la nature provient, en définitive, d'une sorte de vertige ou de décentrement métaphysique. Nous nous arrêtons devant un paysage, nous prenons le temps de le contempler vraiment, de l'éprouver avec nos cinq sens, et soudainement, les catégories à travers lesquelles nous appréhendons d'habitude la réalité, ce que nous croyons savoir, paraît dérisoire. Les mots se dérobent. Nous nous sentons devant une béance fondamentale. Nous voilà reliés, de manière directe mais inarticulée, aux « sources » de tout être, de toute vie. Le spectacle de la nature jaillit audevant de nous et nous ne savons pas expliquer ce jaillissement, mais nous le ressentons intensément. Ce n'est pas religieux, cependant il y a là-dedans quelque chose de spirituel ou de mystique.

Voilà en quoi consiste ultimement, selon moi, la différence entre les environnements naturels et artificiels. Les routes, les usines, les constructions diverses, la circulation incessante des automobiles, les vrombissements des moteurs ne nous permettent pas de vivre ce voyage en dehors de nos préoccupations ordinaires, cette reconnexion aux sources. En ce moment même par exemple, alors que j'écris, je me trouve dans une chambre d'hôtel. J'ai déplacé la petite table près de la fenêtre. Il y a un écran de télévision soutenu par une potence murale sur ma gauche, la télécommande est posée à côté de moi. Aux murs sont accrochés deux posters noir et blanc représentant des calices d'orchidée en très gros plan. Par la fenêtre, je vois des chéneaux, des toits, des balcons, un quinconce d'immeubles et de maisons au-dessus duquel se lève un matin pâle. Où que se tourne mon regard, mes pensées sont ramenées à des besoins concrets, à de l'utile, à l'alternative entre repos et travail. Les oreillers, le lit ouvert : ai-je envie de me recoucher, ne serait-ce que pour bouquiner ? La salle de bains entrouverte : n'est-il pas temps plutôt de prendre ma douche ? La porte : quand vais-je descendre pour le petit déjeuner ? Le clavier de mon ordinateur, sur lequel je tape ces mots : suis-je vraiment assez bien réveillé ce matin pour écrire ? Dans ce cadre artificiel, au milieu de ces objets manufacturés, je me situe sur un plan humain, étroitement humain, mes pensées restent prisonnières de la trame de mes besoins et de mes envies, de ma relation à moi-même et aux autres (puisque j'écris en espérant avoir des lecteurs). Au contraire, la simple observation d'un arbre ou d'un nuage produit une déchirure : d'un coup, foin de ces petits calculs, me voilà propulsé vers plus grand que moi, plus grand que nous, vers un mystère qui nous dépasse et englobe nos vies.

C'est que tout ce qui prend sens pour nous, ce qui nous agite couramment, se détache d'un certain fond dont nous ne savons rien et dont nous ne faisons qu'éprouver confusément la présence. Nous autres humains ne sommes pas indépendants, mais soutenus, portés par l'immensité et la diversité du non-humain, intimement mêlés à la nature, partie prenante du cosmos, et cependant nous avons une fâcheuse tendance à nous en détourner.

On pourrait parler ici d'*obstruction métaphysique* : les artefacts font barrage à ce qui relie ma conscience aux mystères fondamentaux, ils me bouchent l'accès aux questions premières, qui sont peu nombreuses, mais à la fois simples et terrassantes : pourquoi suis-je ici, sur Terre ? Quel est le sens de cette vie ? Pourquoi tant d'étoiles dans le ciel nocturne au-dessus de nos têtes ? Au début de ce chapitre, j'ai remarqué que, si je dois rester longtemps en ville, j'éprouve un malaise croissant. Mais ce n'est pas dû à un problème de qualité de l'air ni à un quelconque dérèglement physiologique que provoquerait en moi le milieu urbain. Non, la gêne est spirituelle : en ville, je me sens mal, un peu perdu, précisément à cause de l'obstruction métaphysique, parce que plus rien ne me raccorde à l'essentiel, parce que j'ai l'impression de flotter ou d'être prisonnier de préoccupations dérisoires et minuscules, mon horizon est comme rétréci.

Or, la portée de l'obstruction métaphysique n'est pas uniquement personnelle ou existentielle : c'est aussi un défi à l'échelle de la civilisation industrielle et technique entière. À mesure que nous nous éloignons des sources, que nous tournons le dos au mystère, que nous nous retranchons dans nos villes où nos emplois du temps surchargés achèvent de nous mettre la tête dans le caisson, se renforce la *coupure anthropologique* qui fait que l'humanité se désintéresse de son milieu, qu'elle le néglige, qu'elle le broie. Nous perdons le contact avec les entités naturelles ; seules entrent en ligne de compte les finalités humaines – si bien que l'atmosphère, les océans, les sols et les nappes phréatiques, les plantes et les animaux s'en trouvent relégués au second plan. Nous faisons comme si nous pouvions poursuivre indéfiniment sur notre propre lancée, alors qu'en réalité, nous nous sommes verrouillés à bord d'un bolide, nous avançons pied au plancher sans prendre la peine de jeter un œil à ce qui se trouve à l'extérieur.

Mais n'est-ce pas d'une tragique légèreté ? Ne pas regarder les paysages qui nous entourent, n'est-ce pas le meilleur moyen de foncer droit dans le mur ?

Épilogue

Nous voici à la fin de l'été. Au cours des vacances, alors que je m'étais globalement arrangé pour ne plus être joignable, j'ai quand même vaguement suivi l'actualité. Comme toujours durant les mois de juillet et d'août dans l'hémisphère Nord, il était beaucoup question d'incendies. En Grèce, l'île d'Eubée s'est transformée en un brasier, les flammes ont encerclé Athènes. Le feu a ravagé la côte turque autour de Bodrum. Les foyers d'incendie se sont multipliés dans la région kabyle en Algérie, et les soupçons sur leur origine criminelle ont ravivé de vieilles rancunes politiques. Pendant ce temps-là, en Catalogne, sur l'île de Grande Canarie, en Calabre ou en Sicile où le mercure est monté jusqu'à 48,8 °C, d'autres forêts brûlaient. Les photographies circulant sur les sites d'information se ressemblaient toutes, montrant des canopées noyées dans des panaches de fumée grise ou de frêles jets d'eau courageusement braqués par les pompiers sur des fronts de flammes hauts comme des forteresses, implacables.

Quelque part, je suis tombé sur cette estimation qui m'a frappé : « dans le monde, 200 000 hectares de forêt ont brûlé en moins d'un mois. » Mais qu'est-ce que 200 000 hectares ? Quand on n'est pas agriculteur ni jardinier, c'est à peine si on visualise déjà un hectare. Au-delà de quelques milliers, les chiffres ne sont plus des réalités appréhendables, ils appartiennent au royaume de l'abstraction, des mathématiques, de l'expertise.

Alors, un souvenir ancien m'est revenu. Quand j'étais enfant, mon grand-père – que j'ai perdu à l'âge de six ans – m'emmenait quelquefois me promener dans le bois des Cartes, en bordure de notre village du Poitou. Un jour, nous avons trouvé une partie de ce bois détruite par un incendie. Il ne restait plus, des feuillus qui poussaient là, que des troncs noircis, comme des têtes d'allumettes calcinées fichées dans la terre. La pluie avait détrempé les cendres et les avaient mêlées à la boue. Comme cela me remplissait les yeux de larmes, mon grand-père a serré ma main dans la sienne et m'a dit pour me consoler : «Ne t'en fais pas, ça va repousser...» Sur le moment, je lui ai fait confiance. Cependant sa promesse ne s'est pas réalisée. Ce n'est nullement la forêt d'avant qui est revenue. Au contraire, des pins ont colonisé le terrain. Les premières souches n'ayant pas été arrachées, ils ont poussé de travers, s'étouffant les uns les autres, et sont restés longtemps très bas, m'arrivant à peine à mi-corps. Entre eux ont prospéré des fougères. Je n'ai plus jamais vu d'animaux dans ce coin-là, ni de champignons. L'ancienne forêt avait reçu une blessure et celle-ci ne s'est pas refermée, elle a plutôt laissé une vilaine cicatrice.

Pour comprendre ce que signifie une forêt partie en flammes, j'ai besoin non pas de chiffres, mais de raviver en moi un souvenir d'enfance. Et c'est peut-être aussi la vocation profonde de la philosophie esthétique. Certes, celle-ci n'apporte aucune solution pratique pour lutter contre le réchauffement climatique ni maîtriser les mégafeux qui se déclenchent désormais à chaque canicule, dans les deux hémisphères. Mais elle opère à un autre niveau : elle nous aide à saisir la portée existentielle de la perte, à la faire entrer dans l'ordre du sensible. Il s'agit d'être à nouveau capables de voir les incendies d'été avec des yeux d'enfant.

Remerciements

Je tiens à remercier très chaleureusement les huit «témoins» qui ont accepté de me décrire leur lieu de vie, faisant ainsi entrer dans cet essai des images et impressions venues de tous les coins du monde.

Il s'agit, par ordre d'apparition, de : Bertrand Delapierre, Jakub Rok, Pamela Carzon, Picket Chabwedzeka, Genyû Sôkyû, Thomassie Mangiok, Xavier Lazzaro et Josaphat Rubenga.

Entrer en contact avec ces témoins n'a pas toujours été simple et je suis redevable envers les amis et connaissances qui ont accepté de jouer le rôle d'intercesseurs : Jan Sowa, Nicolas Fargue, Fabienne Joliet, Romain Ali Chérif, Virginie Maris. Louise de Bruin de la Game Rangers Association m'a donné la possibilité de parler avec Picket Chabwedzeka. Basée à Tokyo, Corinne Quentin a établi le contact avec Genyû Sôkyu, moine et écrivain, auteur notamment de *La Montagne radieuse* (Picquier, 2015), et a traduit du japonais ses réponses à mes questions. C'est l'unique témoignage recueilli par écrit. Dans les autres cas, j'ai enregistré les propos, les ai mis en forme et traduits moi-même quand la langue de communication était l'anglais.

Je remercie également le biologiste Jacques Blondel et le romancier de Tasmanie Ben Walter pour l'entretien qu'ils m'ont chacun accordé.

Enfin, l'écriture de cet essai a été nourrie par des échanges toujours incisifs et stimulants avec le peintre et dessinateur Jean-Marc Rochette.

Index des notions

Ouvrages et articles cités

ALBERT, B., *La Chute du ciel. Paroles d'un shaman Yanomami*, Paris, Plon, coll. «Terre humaine», 2010.

ALBRECHT, G., «*Solastalgia : a new concept in health and identity*», PAN (Philosophy Activism Nature), n° 3, 2005, pp. 44-59.
–, *Les Émotions de la Terre. Des mots nouveaux pour un monde nouveau* [2019], trad. C. Smith, Paris, Les Liens qui Libèrent, 2020.

BÉGOUT, B., *L'Obsolescence des ruines. Essai philosophique sur les gravats*, Paris, Inculte, 2022.

BEŁDOWKI, J. *et alii*, «*Contaminated by war : a brief history of sea dumping of munitions*», Marine Environmental Research, n° 162, 2020.

BRADY, E., «*Æsthetic Value, Ethics and Climate Change*», Environmental Values, n° 23, 2014, pp. 551-570.

BURGESS, E. W., «La croissance de la ville. Introduction à un projet de recherche» [1925], in Y. Grafmeyer, Joseph, I. (sous la dir. de), *L'École de Chicago. Naissance de l'écologie urbaine*, Paris, Éditions du Champ urbain, 1979.

CALLICOTT, J. B., *Éthique de la terre*, texte établi par B. Lanaspeze, Marseille, Wildproject, 2010.

CHTCHEGLOV, I., «Formulaire pour un urbanisme nouveau», Internationale situationniste, n° 1, 1958, p. 15-20.

Descartes, R., *Discours de la méthode* [1637], in *Œuvres complètes*, éd. A. Bridoux, Paris, Gallimard, 1953.

Descola, P., *Par-delà nature et culture*, Paris, Gallimard, 2005.
–, *Les Formes du visible. Une anthropologie de la figuration*, Paris, Seuil, 2021.

Dewey, J., *L'Art comme expérience* [1934], trad. coord. par J.-P. Cometti, Paris, Gallimard, 2010.

Elhacham, E. *et alii*, « *Global human-made mass exceeds all living biomass* », Nature, n° 588, 2020, pp. 442-444.

Foster, C., « *Æsthetic Disillusionment : Environment, Ethics, Art* », Environmental Values, n° 1, 1992, pp. 205-215.

Golovanov, V., *Éloge des voyages insensés*, trad. H. Châtelain, Lagrasse, Verdier, 2008.

Handke, P., *Le Poids du monde. Un journal (novembre 1975-mars 1977)* [1977], trad. G.-A. Goldschmidt, Paris, Gallimard, 1980.
–, *Mon année dans la baie de personne* [1994], trad. C. Eusèbe-Porcell, Paris, Gallimard, 1997.
–, *La Grande Chute* [2011], trad. O. Le Lay, Paris, Gallimard, 2014.

Harrison, J., *L'Éclipse de lune à Davenport et autres poèmes*, trad. J.-L. Piningre, Paris, La Table ronde, 1998.

Hergé, *L'Étoile mystérieuse*, Tournai, Casterman, 1942.

Hésiode, *Les Travaux et les Jours*, trad. P. Mazon, Paris, Les Belles Lettres, 1928.

Kant, E., *Critique de la faculté de juger* [1790], trad. A. Renaut, Paris, Flammarion, 1995.

Kotwicki, L., Grzelak, K., Bełdowski, J., « *Benthic Communities in chemical munitions dumping site areas within the Baltic deeps with special focus on nematodes*», Deep-Sea Research, Part II. Topical Studies in Oceanography, n° 128, 2016, pp. 123-130.

KRAUSE, B., *Le Grand Orchestre animal* [2012], Paris, Flammarion, 2013.

LACROIX, A., *Devant la beauté de la nature*, Paris, Allary Éditions, 2018.
–, « Nous avions besoin d'un mot pour nommer nos émotions quand le monde autour de nous s'effondre », entretien avec Glenn Albrecht, *Philosophie Magazine*, n° 141, été 2020, pp. 68-73.
–, « Esthétique du réchauffement climatique », in *Philosophie du réchauffement climatique*, *Philosophie Magazine*, hors-série n° 46, été 2020.
–, « J'irai randonner près de chez vous », *Philosophie Magazine*, n° 141, été 2020, pp. 50-55.
–, « Les nouvelles graines de la résistance », *Philosophie Magazine*, n° 151, été 2021, pp. 38-48.
–, « Rendre visible des choses invisibles », entretien avec Philippe Descola, *Philosophie Magazine*, n° 152, sept. 2021, pp. 65-70.
–, « Traverser la lisière », in *Vivre et penser comme un arbre*, *Philosophie Magazine*, hors-série n° 53, printemps 2022, pp. 63-67.

LATOUR, B., *Où suis-je ?*, Paris, La Découverte, 2021.

LEOPOLD, A., *Almanach d'un comté des sables* [1949], trad. A. Gibson, Paris, Aubier, 1995.

LOCKE, J., *Essai sur l'entendement humain. Livres I-II* [1690], trad. J.-M. Vienne, Paris, Vrin, 2001.

MASER, C., *The Redesigned Forest*, R.& E. Miles Publishers, San Pedro, 1988.

MCCARTHY, C., *La Route* [2006], trad. F. Hirsch, Paris, L'Olivier, 2008.

MATTHIESSEN, P., *Le Léopard des neiges* [1978], trad. S. Nétillard, Paris, Gallimard, 1983.

MERLEAU-PONTY, M., *Phénoménologie de la perception*, Paris, Gallimard, 1945.

Morizot, B., *Sur la piste animale*, Arles, Actes Sud, 2018.
–, *Manières d'être vivant*, Arles, Actes Sud, 2020.

Murray Schafer, R., *Le Paysage sonore. Le Monde comme musique* [1977], trad. rév. de S. Gleize, Marseille, Wildproject, 2010.

Platon, *Critias*, trad. V. Cousin, in *Œuvres de Platon*, tome XII, Paris, Rey et Gravier, 1839.

Self, W., *Psychogeography*, Londres, Bloomsbury Publishing, 2007.

Sinclair, I., *London Orbital* [2002], trad. M. Berrée, Paris, Inculte, 2010.

Stépanoff, C., *Voyager dans l'invisible. Techniques chamaniques de l'imagination*, Paris, La Découverte, 2019.

Taïeb, L., *Freshkills. Recycler la terre*, Lille, La Contre Allée, 2020.

Tranströmer, T., *Baltiques. Œuvres complètes 1954-2004*, trad. J. Outin, Paris, Gallimard, 2004.

Waller, M., *Artefacts naturels. Nature, réparation, responsabilité*, Paris, L'Éclat, 2016.

Weil, S., *L'Enracinement. Prélude à une déclaration des devoirs envers l'être humain*, Paris, Gallimard, 1949.

Wilson, E. O., *Biophilie* [1984], trad. G. Villeneuve, Paris, José Corti, 2012.

WWF, *Living Planet Report. Bending the curve of biodiversity loss*, R.E.A. Almond, M. Grooten M. et T. Petersen (sous la dir. de), Gland (Suisse), WWF, 2020.

Table des matières

3
RENCONTRER (ENCORE) L’ANIMAL SAUVAGE

4
COMMENT LE RÉCHAUFFEMENT CLIMATIQUE FAIT FONDRE L’ESTHÉTIQUE D’EMMANUEL KANT

5
À QUOI RESSEMBLERA L'AVENIR ?

www.allary-editions.fr

Composition en Plantin
par Dominique Guillaumin, paris

Maquette de couverture : Raphaëlle Faguer
Gravure : Akg-Images
Photographie : © GUY Christian / hemis.fr

Cet ouvrage a été imprimé sur du papier issu
de forêts gérées de manière responsable.

FSC
www.fsc.org
MIXTE
Papier issu de
sources responsables
FSC® C003309

ISBN : 978-2-37073-421-1
Achevé d'imprimer par
Normandie Roto Impression s.a.s.
61250 Lonrai

--

N° d'impression : 2203398

Dépôt légal : octobre 2022
N° d'édition : U73421/61

Imprimé en France